Kineski Okusi
Putovanje Kroz Kuhanje Azije

Ivan Li

Sadržaj

slatki i kiseli šaran 10
Šaran s tofuom 12
Riblje rolice od badema 14
Bakalar s mladicama bambusa 16
Riba s klicama graha 18
Riblji file sa smeđim umakom 20
Kineski riblji kolač 21
Hrskava pržena riba 22
prženi bakalar 23
pet začinskih riba 24
Mirisni riblji štapići 25
ukiseljena riba 26
Začinjeni bakalar s đumbirom 27
Bakalar s umakom od mandarina 29
riba ananas 31
Riblje rolice sa svinjetinom 33
Riba u rižinom vinu 35
pržena riba 36
riba sa sezamom 37
Riblje okruglice kuhane na pari 38
Marinirana slatko-kisela riba 39
Riba s vinaigrette umakom 40
pržena jegulja 42
Suha kuhana jegulja 43
Jegulja sa celerom 45
Paprike punjene vahnjom 46
Vahnja s umakom od crnog graha 47
Riba sa smeđim umakom 48
pet začinskih riba 49
češnjak vahnja 50
začinjena riba 51
Đumbir bjelanjak s Pak Soi 53

bjelutanje pletenica 55
Riblje rolice kuhane na pari 56
Halibut s umakom od rajčice 58
Grdobina s brokulom 59
Crveni grah s gustim soja umakom 61
riba zapadnog jezera 62
prženi iverak 63
Iverak kuhan na pari s kineskim gljivama 64
temeljac od češnjaka 65
Iverak s umakom od ananasa 66
Tofu losos 68
Pečena marinirana riba 69
pastrva s mrkvom 70
pržene pastrve 71
Pastrva s umakom od limuna 72
kineska tuna 74
Marinirani riblji odresci 76
škampi od badema 77
Račići od anisa 79
škampi sa šparogama 80
škampi sa slaninom 81
okruglice od kozica 82
škampi na žaru 84
Škampi s mladicama bambusa 85
Škampi s klicama graha 86
Škampi s umakom od crnog graha 87
Škampi s celerom 88
Prženi škampi s piletinom 89
papar škampi 90
Škampi Chop Suey 91
Chow Mein od škampa 92
Škampi s tikvicama i ličijem 93
račići škampi 95
Krastavac Škampi 97
Kari od račića 98
Curry od škampa i gljiva 99

prženi škampi 100
Prženi pohani škampi 101
Ćufte od škampa s umakom od rajčice 102
Škampi i jaja 104
Carske rolice sa škampima 105
orijentalni škampi 107
Foo Yung škampi 109
prženi škampi 110
Pirjani škampi s umakom 112
Kuhani škampi sa šunkom i tofuom 114
Škampi s umakom od jastoga 115
ukiseljeno uho 117
Pržene mladice bambusa 118
Piletina s krastavcima 119
Piletina sa sezamom 120
liči od đumbira 121
Crvena kuhana pileća krilca 122
Meso rakova od krastavaca 123
marinirane gljive 124
marinirane gljive 125
škampi i cvjetača 126
štapići šunke sa sezamom 127
Hladni tofu 128
slanina piletina 129
Piletina i pržena banana 130
Piletina s đumbirom i gljivama 131
piletina i šunka 133
Pileća jetrica na žaru 134
Kuglice od rakova od vodenog kestena 135
dim sum 136
Rolice od šunke i piletine 137
Pečene pite od šunke 139
Takozvana dimljena riba 140
punjene gljive 142
Gljive s umakom od kamenica 143
Rolice od svinjetine i zelene salate 144

Pljeskavice od svinjetine i kestena 146
Svinjske okruglice 147
Svinjske i goveđe pljeskavice 148
leptir škampi 149
kineski škampi 150
krekeri od škampa 151
Hrskavi škampi 152
Škampi s umakom od đumbira 153
Rolice od škampa i tjestenine 154
Tost sa škampima 156
Okruglice od svinjetine i škampa sa slatko-kiselim umakom 157
pileća juha 159
Klice graha i svinjska juha 160
Juha od abalona i gljiva 161
Juha od piletine i šparoga 163
mesna juha 164
Kineska juha od govedine i lišća 165
Juha od kupusa 166
Začinjena mesna juha 167
rajska juha 169
Juha od piletine i izdanaka bambusa 170
Juha od piletine i kukuruza 171
Juha od piletine i đumbira 172
Kineska pileća juha s gljivama 173
Juha od piletine i riže 174
Juha od piletine i kokosa 175
gusta juha od školjaka 176
juha od jaja 177
Juha od rakova i jakobovih kapica 178
juha od rakova 180
Riblja juha 181
Juha od ribe i zelene salate 182
Juha od đumbira s mesnim okruglicama 184
ljuta i kisela juha 185
Juha od gljiva 186
Juha od gljiva i kupusa 187

Juha od jaja od gljiva 188
Juha od gljiva i vodenih kestena 189
Juha od svinjetine i gljiva 190
Juha od svinjetine i potočarke 191
Juha od svinjetine i krastavaca 192
Svinjska okruglica i juha s rezancima 193
Juha od špinata i tofua 194
Juha od kukuruza i rakova 195
sečuanska juha 196
juha od tofua 198
Tofu i riblja juha 199
Juha od rajčice 200
Juha od rajčice i špinata 201
juha od repe 202
Juha od povrća 203
vegetarijanska juha 204
juha od potočarke 205
Pržena riba s povrćem 206
pečena cijela riba 208
pržena riba od soje 209
Riba od soje s umakom od kamenica 210
brancin kuhan na pari 212

slatki i kiseli šaran

za 4 osobe

1 veliki šaran ili slična riba
300 g/11 oz/¬œ šalice kukuruznog brašna (kukuruzni škrob)
8 tečnih oz/1 šalica biljnog ulja
30 ml/2 žlice soja umaka
5 ml/1 žličica soli
150 g / 5 oz / ¬Ω šalica šećera
75 ml/5 žlica vinskog octa
15 ml / 1 žlica rižinog vina ili suhog šerija
3 glavice mladog luka (vlasac), sitno nasjeckane
1 kriška korijena đumbira, sitno nasjeckanog
250 ml/8 tečnih oz/1 šalica kipuće vode

Ribu očistite, uklonite ljuske i potopite je u hladnu vodu nekoliko sati. Ocijedite i osušite, a zatim nekoliko puta izgrebite svaku stranu. Odvojite 30 ml/2 žlice kukuruznog brašna i postupno dodajte dovoljno vode u ostatak kukuruznog brašna da dobijete čvrstu pastu. Umočite ribu u tijesto. Zagrijte ulje da se jako zagrije i pecite ribu dok izvana ne postane hrskava, smanjite vatru i nastavite pržiti dok riba ne omekša. U međuvremenu pjenjačom izmiješajte preostali kukuruzni škrob, sojin umak, sol, šećer i vinski ocat.

vino ili šeri, vlasac i đumbir. Kad je riba pečena, prebacite je na topli tanjur. Dodajte mješavinu umaka i vode u ulje i kuhajte dobro miješajući dok se umak ne zgusne. Prelijte ribu i odmah poslužite.

Šaran s tofuom

za 4 osobe

1 šaran
60 ml/4 žlice ulja od kikirikija
225 g tofua, na kockice
2 mlada luka (vlasac), sitno nasjeckana
1 režanj češnjaka, sitno nasjeckan
2 kriške korijena đumbira, sitno nasjeckanog
15 ml / 1 žlica čili umaka
30 ml/2 žlice soja umaka
500 ml/16oz/2 šalice temeljca
30 ml/2 žlice rižinog vina ili suhog šerija
15 ml/1 žlica kukuruznog škroba (kukuruzni škrob)
30 ml/2 žlice vode

Izrežite, očistite ribu i nacrtajte 3 dijagonalne linije sa svake strane. Zagrijte ulje i lagano pržite tofu dok ne porumeni. Izvadite iz posude i temeljito ocijedite. Dodajte ribu u tavu i pržite dok ne porumeni, a zatim je izvadite iz tave. Odlijte svih 15 ml/1 žlicu ulja i pirjajte mladi luk, češnjak i đumbir 30 sekundi. Dodajte čili umak, sojin umak, juhu i vino te pustite da zavrije. Pažljivo dodajte ribu u tavu.

pirjajte nepoklopljeno dok se tofu i riba ne skuhaju i dok se umak ne reducira, oko 10 minuta. Prebacite ribu na zagrijani tanjur i prelijte tofuom. Pomiješajte kukuruzni škrob i vodu u pastu, dodajte umak i kuhajte uz miješanje dok se umak malo ne zgusne. Prelijte ribu i odmah poslužite.

Riblje rolice od badema

za 4 osobe

100 g/4 oz/1 šalica badema
450 g / 1 lb fileta bakalara
4 kriške dimljene šunke
1 vlasac (zeleni luk), nasjeckan
1 kriška nasjeckanog korijena đumbira
5 ml/1 žličica kukuruznog škroba (kukuruzni škrob)
5 ml/1 žličica šećera
2,5 ml/¬Ω cc soli
15 ml/1 žlica sojinog umaka
15 ml / 1 žlica rižinog vina ili suhog šerija
1 jaje, lagano tučeno
Ulje za prženje
1 limun, izrezan na kriške

Bademe kuhajte u kipućoj vodi 5 minuta, ocijedite ih i nasjeckajte. Ribu narežite na kvadrate od 9 cm/3 Ω, a šunku na kvadrate od 5 cm/2. Pomiješajte vlasac, đumbir, kukuruzni škrob, šećer, sol, soja umak, vino ili šeri i jaje. Ribu umočite u smjesu i stavite na radnu površinu. Na to stavite bademe, a na njih plošku šunke. Zamotajte i zavežite ribu

Za kuhanje, Zagrijte ulje i pržite riblje rolice nekoliko minuta dok ne porumene. Ocijedite na papirnatom ručniku i poslužite s limunom.

Bakalar s mladicama bambusa

za 4 osobe

4 sušene kineske gljive

900 g / 2 lb fileta bakalara, narezanog na kocke

30 ml/2 žlice kukuruznog škroba (kukuruzni škrob)

Ulje za prženje

30 ml/2 žlice ulja od kikirikija

1 vlasac (zeleni luk), narezan na ploške

1 kriška nasjeckanog korijena đumbira

sol

100 g/4 oz izdanaka bambusa, narezanih

120 ml/4 fl oz/¬Ω stakleni riblji temeljac

15 ml/1 žlica sojinog umaka

45 ml/3 žlice vode

Gljive namočite u toploj vodi 30 minuta, a zatim ocijedite. Bacite peteljke i odrežite vrhove. Pospite polovicu ribe

Kukuruzno brašno. Zagrijte ulje i pržite ribu dok ne porumeni. Ocijedite na upijajućem papiru i držite na toplom.

U međuvremenu zagrijte maslinovo ulje i pirjajte vlasac, đumbir i sol dok lagano ne porumene. Dodajte mladice bambusa i pirjajte 3 minute. Dodajte juhu i sojin umak, zakuhajte i kuhajte 3 minute. Preostalu pastu od kukuruznog škroba pomiješajte s vodom, dodajte u tavu i kuhajte uz miješanje dok se umak ne zgusne. Prelijte ribu i odmah poslužite.

Riba s klicama graha

za 4 osobe

450 g klica graha
45 ml/3 žlice ulja od kikirikija
5 ml/1 žličica soli
3 kriške nasjeckanog korijena đumbira
450 g/lb ribljeg fileta, narezanog na kriške
4 glavice mladog luka, narezane na ploške
15 ml/1 žlica sojinog umaka
60 ml/4 žlice ribljeg temeljca
10ml/2 žličice kukuruznog škroba (kukuruzni škrob)
15 ml/1 žlica vode

Klice graha blanširajte u kipućoj vodi 4 minute i temeljito ocijedite. Zagrijte pola maslinovog ulja i pirjajte sol i đumbir 1 minutu. Dodati ribu i pržiti dok lagano ne porumeni pa izvaditi iz tave. Zagrijte preostalo maslinovo ulje i pirjajte mladi luk 1 minutu. Dodajte sojin umak i juhu i pustite da zavrije. Vratite ribu u tavu, poklopite i kuhajte 2 minute dok se riba ne skuha. Pomiješajte kukuruzni škrob i vodu da napravite pastu, umiješajte u tavi i kuhajte, miješajući, dok umak ne posvijetli i ne zgusne se.

Riblji file sa smeđim umakom

za 4 osobe

450 g fileta bakalara, deblje narezanog

30 ml/2 žlice rižinog vina ili suhog šerija

30 ml/2 žlice soja umaka

3 glavice mladog luka (vlasac), sitno nasjeckane

1 kriška korijena đumbira, sitno nasjeckanog

5 ml/1 žličica soli

5 ml/1 žličica sezamovog ulja

30 ml/2 žlice kukuruznog škroba (kukuruzni škrob)

3 jaja, istučena

90 ml/6 žlica ulja od kikirikija

90 ml/6 žlica ribljeg temeljca

Stavite riblje filete u zdjelu. Pomiješajte vino ili šeri, soja umak, vlasac, đumbir, sol i sezamovo ulje, prelijte ribu, poklopite i marinirajte 30 minuta. Ribu izvadite iz marinade, pomiješajte s kukuruznim škrobom, pa umočite u razmućeno jaje. Zagrijte ulje i pržite ribu dok izvana ne porumeni. Odlijte ulje i umiješajte juhu i preostalu marinadu. Zakuhajte i kuhajte na laganoj vatri dok riba ne bude kuhana, oko 5 minuta.

Kineski riblji kolač

za 4 osobe

450 g/lb mljevenog bakalara
2 mlada luka (vlasac), sitno nasjeckana
1 češanj češnjaka, zgnječen
5 ml/1 žličica soli
5 ml/1 žličica šećera
5 ml/1 žličica soja umaka
45 ml/3 žlice biljnog ulja
15 ml/1 žlica kukuruznog škroba (kukuruzni škrob)

Pomiješajte bakalar, vlasac, češnjak, sol, šećer, soja umak i 10 ml/2 žličice ulja. Dobro umijesite, posipajući s vremena na vrijeme malo kukuruznog škroba, dok smjesa ne postane mekana i elastična. Oblikujte 4 pogačice od ribe. Zagrijte ulje i pržite riblje okruglice dok ne porumene, oko 10 minuta, spljoštite dok se peku. Poslužite toplo ili hladno.

Hrskava pržena riba

za 4 osobe

450g/1lb ribljeg filea, narezanog na trakice
30 ml/2 žlice rižinog vina ili suhog šerija
sol i svježe mljeveni crni papar
45 ml / 3 žlice kukuruznog brašna (kukuruzni škrob)
1 bjelanjak, lagano tučen
Ulje za prženje

Ulijte ribu u vino ili sherry i začinite solju i paprom. Lagano pospite kukuruznim škrobom. Ostatak kukuruzne krupice umutiti s bjelanjkom u čvrsti snijeg pa u tu smjesu umočiti ribu. Zagrijte ulje i pržite trakice ribe nekoliko minuta dok ne porumene.

prženi bakalar

za 4 osobe

900 g / 2 lb fileta bakalara, narezanog na kocke
sol i svježe mljeveni crni papar
2 jaja, istučena
100 g/4 oz/1 šalica glatkog brašna (višenamjenskog)
Ulje za prženje
1 limun, izrezan na kriške

Bakalar pospite solju i paprom. Istucite jaja i brašno dok ne dobijete pastu i začinite solju. Umočite ribu u tijesto. Zagrijte ulje i pržite ribu nekoliko minuta dok ne porumeni i bude pečena. Ocijedite na papirnatom ručniku i poslužite s kriškama limuna.

pet začinskih riba

za 4 osobe

4 fileta bakalara
5 ml/1 žličica pet začina u prahu
5 ml/1 žličica soli
30 ml/2 žlice ulja od kikirikija
2 češnja češnjaka, zgnječena
2,5 ml / 1 nasjeckani korijen đumbira
30 ml/2 žlice rižinog vina ili suhog šerija
15 ml/1 žlica sojinog umaka
nekoliko kapi sezamovog ulja

Natrljajte ribu prahom od pet začina i soli. Zagrijte ulje i pržite ribu dok lagano ne porumeni s obje strane. Maknite sa štednjaka i dodajte preostale sastojke. Zagrijte uz miješanje, zatim ribu vratite u tavu i lagano zagrijte prije posluživanja.

Mirisni riblji štapići

za 4 osobe

30 ml/2 žlice rižinog vina ili suhog šerija
1 vlasac (zeleni luk), sitno nasjeckan
2 jaja, istučena
10 ml/2 žličice curry praha
5 ml/1 žličica soli
450 g filea bijele ribe, narezanog na trakice
100g/4oz krušnih mrvica
Ulje za prženje

Umiješajte vino ili sherry, vlasac, jaje, curry prah i sol. Umočite ribu u smjesu tako da komadi budu dobro obloženi i udubite u krušne mrvice. Zagrijte ulje i pržite ribu nekoliko minuta dok ne postane hrskava i zlatna. Dobro ocijedite i odmah poslužite.

ukiseljena riba

za 4 osobe

4 filea bijele ribe

75 g malih kiselih krastavaca

2 mlada luka (zeleni luk)

2 kriške korijena đumbira

30 ml/2 žlice vode

5 ml/1 žličica ulja od kikirikija

2,5 ml/¬Ω cc soli

2,5 ml/¬Ω cc rižino vino ili suhi sherry

Stavite ribu na topli tanjur i pospite preostalim sastojcima. Stavite na rešetku u kuhalo za kuhanje na pari, poklopite i kuhajte u kipućoj vodi dok riba ne omekša, oko 15 minuta. Prebacite na zagrijani tanjur za posluživanje, dodajte đumbir i mladi luk te poslužite.

Začinjeni bakalar s đumbirom

za 4 osobe

225 g/8 oz pirea od rajčice (pasta od rajčice)
30 ml/2 žlice rižinog vina ili suhog šerija
15 ml / 1 žlica naribanog korijena đumbira
15 ml / 1 žlica čili umaka
15 ml/1 žlica vode
15 ml/1 žlica sojinog umaka
10 ml/2 žličice šećera
3 češnja češnjaka, zgnječena
100 g/4 oz/1 šalica glatkog brašna (višenamjenskog)
75 ml/5 žlica kukuruznog brašna (kukuruzni škrob)
6 fl oz/¬œ šalice vode
1 bjelanjak
2,5 ml/¬Ω cc soli
Ulje za prženje
450 g fileta bakalara bez kože i narezanog na kocke

Za pripremu umaka pomiješajte pire od rajčice, vino ili šeri, đumbir, čili umak, vodu, soja umak, šećer i češnjak. Pustite da zakipi i kuhajte uz miješanje 4 minute.

Pomiješajte brašno, kukuruzni škrob, vodu, bjelanjke i sol dok ne postane glatko. Zagrijte ulje. Umočite komade ribe u tijesto i pržite ih oko 5 minuta dok ne porumene i porumene. Ocijediti na papirnatim ubrusima. Ocijedite svo ulje i vratite ribu i umak u tavu. Lagano zagrijavajte dok riba potpuno ne bude prekrivena umakom, oko 3 minute.

Bakalar s umakom od mandarina

za 4 osobe

675 g fileta bakalara, narezanog na trakice

30 ml/2 žlice kukuruznog škroba (kukuruzni škrob)

60 ml/4 žlice ulja od kikirikija

1 vlasac (zeleni luk), nasjeckan

2 češnja češnjaka, zgnječena

1 kriška nasjeckanog korijena đumbira

100 g šampinjona narezanih na ploške

50 g/2 oz izdanaka bambusa, narezanih na trake

120 ml/4 fl oz/¬Ω šalice soja umaka

30 ml/2 žlice rižinog vina ili suhog šerija

15 ml / 1 žlica smeđeg šećera

5 ml/1 žličica soli

250 ml/8 oz/1 šalica pileće juhe

Umočite ribu u kukuruzni škrob dok se ne pokrije. Zagrijte ulje i pržite ribu dok ne porumeni s obje strane. Izvadite iz posude. Dodajte luk, češnjak i đumbir i pirjajte dok lagano ne porumene. Dodajte gljive i mladice bambusa i pirjajte 2 minute. Dodajte preostale sastojke i pustite da prokuha.

kuhati uz miješanje. Vratite ribu u posudu, poklopite i kuhajte 20 minuta.

riba ananas

za 4 osobe

450 g ribljeg fileta
2 glavice luka (vlasac), nasjeckane
30 ml/2 žlice soja umaka
15 ml / 1 žlica rižinog vina ili suhog šerija
2,5 ml/¬Ω cc soli
2 jaja, lagano tučena
15 ml/1 žlica kukuruznog škroba (kukuruzni škrob)
45 ml/3 žlice ulja od kikirikija
225 g/8 oz konzerviranih komadića ananasa u soku

Narežite ribu na trakice od 1 inča i stavite u zdjelu. Dodajte mladi luk, sojin umak, vino ili šeri i sol, dobro promiješajte i ostavite 30 minuta. Ribu ocijedite, marinadu bacite. Umutite jaja i kukuruzni škrob u pastu i uronite ribu u tijesto da se obloži, ocijedite sav višak. Zagrijte ulje i pržite ribu dok lagano ne porumeni s obje strane. Smanjite vatru i nastavite kuhati dok ne omekša. U međuvremenu pomiješajte 60 ml/4 žlice soka od ananasa s preostalom pastom i komadićima ananasa. Stavite u tavu na laganu vatru i kuhajte uz stalno miješanje dok se ne zagrije. organizirati

Ribu pečenu na zagrijanom tanjuru poslužite prelivenu umakom.

Riblje rolice sa svinjetinom

za 4 osobe

450 g ribljeg fileta
100 g kuhane svinjetine, mljevene (na kockice)
30 ml/2 žlice rižinog vina ili suhog šerija
15 ml/1 žlica šećera
Ulje za prženje
120 ml/4 fl oz/¬Ω stakleni riblji temeljac
3 glavice luka (vlasac), nasjeckane
1 kriška nasjeckanog korijena đumbira
15 ml/1 žlica sojinog umaka
15 ml/1 žlica kukuruznog škroba (kukuruzni škrob)
45 ml/3 žlice vode

Narežite ribu na kvadrate od 9 cm/3 Ω. Svinjetinu pomiješajte s vinom ili šerijem i polovicom šećera, rasporedite po ribljim kvadratima, zarolajte i pričvrstite koncem. Zagrijte ulje i pržite ribu dok ne porumeni. Ocijediti na papirnatim ubrusima. U međuvremenu zagrijte vodu i dodajte mladi luk, đumbir, sojin umak i preostali šećer. Zakuhajte i kuhajte 4 minute. Pomiješajte kukuruzni škrob i vodu i napravite pastu, stavite je u tavu i prokuhajte.

miješajući dok umak ne posvijetli i zgusne se. Prelijte ribu i odmah poslužite.

Riba u rižinom vinu

za 4 osobe

14 tečnih oz/1¬œ šalice rižinog vina ili suhog šerija
120 ml/4 fl oz/¬Ω čaša vode
30 ml/2 žlice soja umaka
5 ml/1 žličica šećera
sol i svježe mljeveni crni papar
10ml/2 žličice kukuruznog škroba (kukuruzni škrob)
15 ml/1 žlica vode
450 g / 1 lb fileta bakalara
5 ml/1 žličica sezamovog ulja
2 glavice luka (vlasac), nasjeckane

Zakuhajte vino, vodu, soja umak, šećer, sol i papar i kuhajte dok se ne reducira na pola. Pomiješajte pastu od kukuruznog škroba s vodom, ulijte u tavu i kuhajte uz miješanje 2 minute. Ribu posolite i poprskajte susamovim uljem. Dodajte u tavu i kuhajte na laganoj vatri dok ne skuha, oko 8 minuta. Poslužite posuto vlascem.

pržena riba

za 4 osobe

450 g fileta bakalara narezanog na trakice

sol

umak od soje

Ulje za prženje

Pospite solju i soja umakom po ribi i ostavite da odstoji 10 minuta. Zagrijte ulje i pržite ribu nekoliko minuta dok lagano ne porumeni. Prije posluživanja ocijedite na papirnatim ručnicima i obilato pospite soja umakom.

riba sa sezamom

za 4 osobe

450g/1lb ribljeg filea, narezanog na trakice

1 kosani luk

2 kriške nasjeckanog korijena đumbira

4 fl oz/½ šalica rižinog vina ili suhog šerija

10 ml/2 žličice smeđeg šećera

2,5 ml/½ cc soli

1 jaje, lagano tučeno

15 ml/1 žlica kukuruznog škroba (kukuruzni škrob)

45 ml/3 žlice pšeničnog brašna (višenamjenskog)

60 ml/6 žlica sjemenki sezama

Ulje za prženje

Stavite ribu u zdjelu. Pomiješajte luk, đumbir, vino ili šeri, šećer i sol, dodajte ribi i ostavite da se marinira 30 minuta, povremeno okrećući. Pomiješajte jaje, kukuruzni škrob i brašno dok ne dobijete tijesto. Umočite ribu u tijesto i utisnite sjemenke sezama. Zagrijte ulje i pržite trakice ribe dok ne porumene i postanu hrskavi, oko 1 minutu.

Riblje okruglice kuhane na pari

za 4 osobe

450 g/lb mljevenog bakalara

1 jaje, lagano tučeno

1 kriška nasjeckanog korijena đumbira

2,5 ml/¬Ω cc soli

prstohvat svježe mljevenog papra

15 ml / 1 žlica kukuruznog škroba (kukuruzni škrob) 15 ml / 1 žlica rižinog vina ili suhog šerija

Sve sastojke dobro izmiješajte i oblikujte kuglice veličine oraha. Po potrebi pospite malo brašna. Ređati u plitku tepsiju.

Stavite hranu na rešetku u aparatu za kuhanje na pari, poklopite i kuhajte u vodi koja lagano ključa dok ne bude kuhana, oko 10 minuta.

Marinirana slatko-kisela riba

za 4 osobe

450g/1lb ribljeg filea, narezanog na komade
1 kosani luk
3 kriške nasjeckanog korijena đumbira
5 ml/1 žličica soja umaka
sol i svježe mljeveni crni papar
30 ml/2 žlice kukuruznog škroba (kukuruzni škrob)
Ulje za prženje
Slatko kiseli umak

Stavite ribu u zdjelu. Pomiješajte luk, đumbir, soja umak, sol i papar, dodajte ribi, pokrijte i ostavite 1 sat, povremeno okrećući. Izvadite ribu iz marinade i pospite je kukuruznim škrobom. Zagrijte ulje i pecite ribu dok ne postane hrskava i zlatna. Ocijedite na upijajućem papiru i stavite na topli tanjur za posluživanje. Za to vrijeme pripremite umak i njime prelijte ribu i poslužite.

Riba s vinaigrette umakom

za 4 osobe

450g/1lb ribljeg filea, narezanog na trakice
sol i svježe mljeveni crni papar
1 bjelanjak, lagano tučen
45 ml / 3 žlice kukuruznog brašna (kukuruzni škrob)
15 ml / 1 žlica rižinog vina ili suhog šerija
Ulje za prženje
250 ml/8oz/1 čaša riblje juhe
15 ml / 1 žlica smeđeg šećera
15 ml / 1 žlica vinskog octa
2 kriške nasjeckanog korijena đumbira
2 glavice luka (vlasac), nasjeckane

Začinite ribu s malo soli i papra. Umutite bjelanjak s 2 žlice/30 ml kukuruznog škroba i vinom ili šerijem. Umočite ribu u kašu dok se ne prekrije. Zagrijte ulje i pržite ribu nekoliko minuta dok ne porumeni. Ocijediti na papirnatim ubrusima.

U međuvremenu zakuhajte juhu, šećer i vinski ocat. Dodajte đumbir i zeleni luk i kuhajte 3 minute. Od preostalog kukuruznog škroba s malo vode napravite pastu, promiješajte

Kuhajte u tavi uz miješanje dok umak ne postane svijetli i gust. Prelijte ribu za posluživanje.

pržena jegulja

za 4 osobe

450g/1lb jegulje
250 ml / 8 tečnih oz / 1 šalica ulja od kikirikija
30 ml/2 žlice tamnog soja umaka
30 ml/2 žlice rižinog vina ili suhog šerija
15 ml / 1 žlica smeđeg šećera
konac sezamovog ulja

Jegulju ogulite i narežite na komade. Zagrijte ulje i pržite jegulju dok ne porumeni. Izvadite iz posude i ocijedite. Bacite sve osim 30 ml/2 žlice ulja. Zagrijte ulje i dodajte soja umak, vino ili šeri i šećer. Zagrijte i dodajte jegulju te pirjajte dok se jegulja dobro ne prekrije i dok većina tekućine ne ispari. Pokapajte sezamovim uljem i poslužite.

Suha kuhana jegulja

za 4 osobe

5 suhih kineskih gljiva

3 mlada luka (zeleni luk)

30 ml/2 žlice ulja od kikirikija

20 češnjeva češnjaka

6 kriški korijena đumbira

10 vodenih kestena

900g/2lb jegulje

30 ml/2 žlice soja umaka

15 ml / 1 žlica smeđeg šećera

15 ml / 1 žlica rižinog vina ili suhog šerija

450 ml/¬œ pt/2 čaše vode

15 ml/1 žlica kukuruznog škroba (kukuruzni škrob)

45 ml/3 žlice vode

5 ml/1 žličica sezamovog ulja

Gljive namočite u toploj vodi 30 minuta, zatim ih ocijedite i bacite peteljke. 1 vlasac narežite na komade, a drugi nasjeckajte. Zagrijte maslinovo ulje i pirjajte gljive, vlasac, češnjak, đumbir i kestene 30 sekundi. Dodajte jegulje i pirjajte 1 minutu. Soja umak, šećer, vino ili

Sherry i vodu zakuhajte, poklopite i kuhajte 1 Ω sat, a tijekom kuhanja po potrebi dodajte malo vode. Pomiješajte kukuruzno brašno i vodu dok ne dobijete pastu, stavite u tavu i kuhajte uz miješanje dok se umak ne zgusne. Poslužite sa sezamovim uljem i nasjeckanim vlascem na vrhu.

Jegulja sa celerom

za 4 osobe

350g/12oz jegulje

6 stabljika celera

30 ml/2 žlice ulja od kikirikija

2 glavice luka (vlasac), nasjeckane

1 kriška nasjeckanog korijena đumbira

30 ml/2 žlice vode

5 ml/1 žličica šećera

5 ml/1 žličica rižinog vina ili suhog šerija

5 ml/1 žličica soja umaka

svježi crni papar

30 ml/2 žlice nasjeckanog svježeg peršina

Jegulju ogulite i narežite na trakice. Celer narežite na trakice. Zagrijte maslinovo ulje i pirjajte vlasac i đumbir 30 sekundi. Dodajte jegulju i pirjajte 30 sekundi. Dodajte celer i pirjajte 30 sekundi. Dodajte pola vode, šećer, vino ili šeri, sojin umak i crni papar. Pustite da zakipi i kuhajte nekoliko minuta dok celer ne omekša, ali i dalje postane hrskav, a tekućina se smanji. Poslužite posuto peršinom.

Paprike punjene vahnjom

za 4 osobe

225 g nasjeckanog filea baka (mljevenog)
100 g oguljenih škampi, nasjeckanih (mljevenih)
1 vlasac (zeleni luk), nasjeckan
2,5 ml/½ cc soli
papar
4 zelene paprike
45 ml/3 žlice ulja od kikirikija
120 ml/4 fl oz/½ šalice pileće juhe
10ml/2 žličice kukuruznog škroba (kukuruzni škrob)
5 ml/1 žličica soja umaka

Pomiješajte kozicu, kozice, vlasac, sol i papar. Paprikama odrežite peteljke i izvadite sredinu. Nadjenite paprike smjesom od plodova mora, zagrijte ulje i dodajte papriku i juhu. Zakuhajte, poklopite i kuhajte 15 minuta. Prebacite paprike na zagrijani tanjur za posluživanje. Pomiješajte kukuruzni škrob, sojin umak i malo vode i ulijte u tavu. Pustite da zakipi i kuhajte uz miješanje dok umak ne posvijetli i ne zgusne se.

Vahnja s umakom od crnog graha

za 4 osobe

15 ml/1 žlica ulja od kikirikija
2 češnja češnjaka, zgnječena
1 kriška nasjeckanog korijena đumbira
15 ml / 1 žlica umaka od crnog graha
2 glavice luka, narezane na četvrtine
1 stabljika celera, narezana na ploške
450 g/1 lb fileta baklje
15 ml/1 žlica sojinog umaka
15 ml / 1 žlica rižinog vina ili suhog šerija
250 ml/8 oz/1 šalica pileće juhe

Zagrijte maslinovo ulje i pirjajte češnjak, đumbir i crni grah dok lagano ne porumene. Dodajte luk i celer i pirjajte 2 minute. Dodajte balet i pirjajte oko 4 minute sa svake strane ili dok riba ne bude kuhana. Dodajte sojin umak, vino ili šeri i pileću juhu, zakuhajte, poklopite i kuhajte 3 minute.

Riba sa smeđim umakom

za 4 osobe

4 vahnje ili slične ribe
45 ml/3 žlice ulja od kikirikija
2 glavice luka (vlasac), nasjeckane
2 kriške nasjeckanog korijena đumbira
5 ml/1 žličica soja umaka
2,5 ml/½ cc vinskog octa
2,5 ml/½ cc rižino vino ili suhi sherry
2,5 ml/½ c. šećer
svježi crni papar
2,5 ml/½ c. sezamovo ulje

Ribu ogulite i narežite na velike komade. Zagrijte maslinovo ulje i pirjajte vlasac i đumbir 30 sekundi. Dodajte ribu i pržite dok lagano ne porumeni s obje strane. Dodajte sojin umak, vinski ocat, vino ili šeri, šećer i crni papar i kuhajte 5 minuta dok se umak ne zgusne. Poslužite sa sezamovim uljem.

pet začinskih riba

za 4 osobe

450 g/1 lb fileta baklje
5 ml/1 žličica pet začina u prahu
5 ml/1 žličica soli
30 ml/2 žlice ulja od kikirikija
2 češnja češnjaka, zgnječena
2 kriške nasjeckanog korijena đumbira
30 ml/2 žlice rižinog vina ili suhog šerija
15 ml/1 žlica sojinog umaka
10 ml/2 žličice sezamovog ulja

Filete bahke natrljajte prahom od pet začina i soli. Zagrijte ulje i pržite ribu dok lagano ne porumeni s obje strane, a zatim je izvadite iz tave. Dodajte češnjak, đumbir, vino ili šeri, sojin umak i sezamovo ulje i pirjajte 1 minutu. Vratite ribu u tavu i polako kuhajte dok riba ne omekša.

češnjak vahnja

za 4 osobe

450 g/1 lb fileta baklje
5 ml/1 žličica soli
30 ml/2 žlice kukuruznog škroba (kukuruzni škrob)
60 ml/4 žlice ulja od kikirikija
6 češnjeva češnjaka
2 zgnječene kriške korijena đumbira
45 ml/3 žlice vode
30 ml/2 žlice soja umaka
15 ml / 1 žlica umaka od žutog graha
15 ml / 1 žlica rižinog vina ili suhog šerija
15 ml / 1 žlica smeđeg šećera

Baknju pospite solju i pospite kukuruznim škrobom. Zagrijte ulje i pržite ribu dok ne porumeni s obje strane, a zatim je izvadite iz tave. Dodajte češnjak i đumbir i pirjajte 1 minutu. Dodajte preostale sastojke, zakuhajte, poklopite i kuhajte 5 minuta. Vratite ribu u tavu, poklopite i kuhajte dok ne omekša.

začinjena riba

za 4 osobe

450 g/1 lb fileta bahke, narezanog na kocke

sok od 1 limuna

30 ml/2 žlice soja umaka

30 ml/2 žlice umaka od kamenica

15 ml / 1 žlica limunove korice

prstohvat đumbira u prahu

sol i papar

2 bjelanjka

45 ml / 3 žlice kukuruznog brašna (kukuruzni škrob)

6 suhih kineskih gljiva

Ulje za prženje

5 mladog luka (zeleni luk), narezanog na trakice

1 stabljika celera, narezana na trakice

100g/4oz izdanaka bambusa, narezanih na trakice

250 ml/8 oz/1 šalica pileće juhe

5 ml/1 žličica pet začina u prahu

Stavite ribu u zdjelu i pokapajte je sokom od limuna. Pomiješajte sve osim umaka od soje, umaka od kamenica, korice limuna, đumbira, soli, papra, bjelanjka i 1 žličice/5 ml kukuruznog škroba. Otići

Marinirajte 2 sata uz povremeno miješanje. Gljive namočite u toploj vodi 30 minuta, a zatim ocijedite. Bacite peteljke i odrežite vrhove. Zagrijte ulje i pržite ribu nekoliko minuta dok ne porumeni. Izvadite iz tave. Dodajte povrće i pržite dok ne omekša, ali i dalje bude hrskavo. Ulijte ulje. Pomiješajte pileću juhu s ostatkom kukuruznog škroba, dodajte povrću i pustite da zavrije. Vratite ribu u tavu, začinite s pet začina u prahu i zagrijte prije posluživanja.

Đumbir bjelanjak s Pak Soi

za 4 osobe

450 g/1 lb fileta baklje

sol i papar

225g/8oz samostalno pakiranje

30 ml/2 žlice ulja od kikirikija

1 kriška nasjeckanog korijena đumbira

1 kosani luk

2 suhe crvene paprike

5 ml/1 žličica meda

10ml/2 žličice kečapa (kečapa)

10 ml/2 žličice sladnog octa

30 ml/2 žlice suhog bijelog vina

10 ml/2 žličice sojinog umaka

10 ml/2 žličice ribljeg umaka

10 ml/2 žličice umaka od kamenica

5 ml/1 žličica paste od škampa

Ostak ogulite i narežite na komade od 2 cm. Pospite solju i paprom. Kupus sitno narežite. Zagrijte ulje i pirjajte đumbir i luk 1 minutu. Dodajte kupus i papar te pirjajte 30 sekundi. Dodajte med, rajčice kečap, ocat i vino. Dodajte balet i kuhajte 2 minute. Pomiješajte umak od soje, ribe i kamenica s pastom od škampa i kuhajte dok se baklja ne skuha.

bjelutanje pletenica

za 4 osobe

450 g/1 lb fileta baka bez kože

sol

5 ml/1 žličica pet začina u prahu

sok od 2 limuna

5 ml/1 žličica mljevenog anisa

5 ml/1 žličica svježe mljevenog papra

30 ml/2 žlice soja umaka

30 ml/2 žlice umaka od kamenica

15 ml/1 žlica meda

60 ml/4 žlice nasjeckanog vlasca

8-10 listova špinata

45 ml/3 žlice vinskog octa

Ribu narežite na dugačke tanke trakice, oblikujte ih, pospite solju, pet začina i sokom od limuna te prebacite u zdjelu. Pomiješajte anis, papar, soja umak, umak od kamenica, med i vlasac, prelijte preko ribe i ostavite da se marinira najmanje 30 minuta. Košaricu kuhala na pari obložite listovima špinata, na vrh stavite prostirke, poklopite i kuhajte na pari u lagano kipućoj vodi s octom oko 25 minuta.

Riblje rolice kuhane na pari

za 4 osobe

450 g fileta baklje, bez kože i narezane na kockice
sok od 1 limuna
30 ml/2 žlice soja umaka
30 ml/2 žlice umaka od kamenica
30 ml/2 žlice umaka od šljiva
5 ml/1 žličica rižinog vina ili suhog šerija
sol i papar
6 suhih kineskih gljiva
100g/4oz klica graha
100g/4oz zelenog graška
2 oz/¬Ω šalica/50 g nasjeckanih oraha
1 jaje, tučeno
30 ml/2 žlice kukuruznog škroba (kukuruzni škrob)
225 g blanširanog bok choya

Stavite ribu u zdjelu. Pomiješajte sok od limuna, soju, umake od kamenica i suhih šljiva, vino ili šeri te sol i papar. Prelijte ga preko ribe i ostavite da se marinira oko 30 minuta. Dodajte povrće, orahe, jaje i kukuruzni škrob i dobro promiješajte. Složite 3 kineska lista jedan na drugi, pospite ribljom smjesom po vrhu.

i svitak. Nastavite dok ne potrošite sve sastojke. Stavite rolnice u košaru kuhala na pari, zatvorite poklopac i kuhajte na laganoj vatri 30 minuta.

Halibut s umakom od rajčice

za 4 osobe

450 g/1 lb fileta iverka

sol

15 ml / 1 žlica umaka od crnog graha

1 češanj češnjaka, zgnječen

2 glavice luka (vlasac), nasjeckane

2 kriške nasjeckanog korijena đumbira

15 ml / 1 žlica rižinog vina ili suhog šerija

15 ml/1 žlica sojinog umaka

200 g rajčice iz konzerve, ocijeđene

30 ml/2 žlice ulja od kikirikija

Iverak obilno pospite solju i ostavite da odstoji 1 sat. Isperite sol i osušite. Stavite ribu u zdjelu otpornu na toplinu i prelijte umakom od crnog graha, češnjakom, zelenim lukom, đumbirom, vinom ili šerijem, soja umakom i rajčicama. Zdjelu stavite na rešetku kuhala na pari, poklopite i kuhajte u kipućoj vodi 20 minuta dok se riba ne skuha. Zagrijte ulje dok se gotovo ne zadimi i pospite po ribi prije posluživanja.

Grdobina s brokulom

za 4 osobe

450 g/1 lb repa grdobine, narezan na kocke

sol i papar

45 ml/3 žlice ulja od kikirikija

50 g gljiva, narezanih na ploške

1 manja mrkva, narezana na trakice

1 češanj češnjaka, zgnječen

2 kriške nasjeckanog korijena đumbira

45 ml/3 žlice vode

275 g/10 oz cvjetova brokule

5 ml/1 žličica šećera

5 ml/1 žličica kukuruznog škroba (kukuruzni škrob)

45 ml/3 žlice vode

Grdobinu dobro posolite i popaprite. Zagrijte 30 ml/2 žlice ulja i pržite grdobinu, gljive, mrkvu, češnjak i đumbir dok lagano ne porumene. Dodajte vodu i nastavite kuhati na laganoj vatri bez otvaranja poklopca. U međuvremenu skuhajte brokulu u kipućoj vodi dok ne omekša i temeljito je ocijedite. Zagrijte preostalo ulje i pirjajte brokulu i šećer s prstohvatom soli dok se brokula dobro ne prekrije uljem. Organizirajte se u krug poslužiti jelo. Pomiješajte kukuruzni škrob i vodu dok ne nastane pasta, pomiješajte s ribom i kuhajte uz miješanje dok se umak ne zgusne. Prelijte preko brokule i odmah poslužite.

Crveni grah s gustim soja umakom

za 4 osobe

1 cipal

Ulje za prženje

30 ml/2 žlice ulja od kikirikija

2 zelena luka (majka), narezana na ploške

2 kriške naribanog korijena đumbira

1 crvena paprika, naribana

250 ml/8oz/1 čaša riblje juhe

15 ml/1 žlica tamnog soja umaka

15 ml/1 žlica svježe samljevene bijele

papar

15 ml / 1 žlica rižinog vina ili suhog šerija

Ribu zarežite i zarežite dijagonalno s obje strane. Zagrijte ulje i pecite ribu do pola. Izvadite iz ulja i dobro ocijedite. Zagrijte ulje i pirjajte vlasac, đumbir i papar 1 minutu. Dodajte preostale sastojke, dobro promiješajte i pustite da zavrije. Dodajte ribu i lagano kuhajte nepoklopljeno dok se riba ne skuha i dok tekućina gotovo ne ispari.

riba zapadnog jezera

za 4 osobe

1 cipal

30 ml/2 žlice ulja od kikirikija

4 glavice luka (vlasca), nasjeckane

1 crvena paprika, nasjeckana

4 kriške naribanog korijena đumbira

45 ml/3 žlice smeđeg šećera

30 ml/2 žlice crvenog vinskog octa

30 ml/2 žlice vode

30 ml/2 žlice soja umaka

svježi crni papar

Ribu očistite i izrežite i sa svake strane napravite 2-3 dijagonalna reza. Zagrijte maslinovo ulje i pirjajte pola mladog luka, crvenu papriku i đumbir 30 sekundi. Dodajte ribu i pržite dok lagano ne porumeni s obje strane. Dodajte šećer, vinski ocat, vodu, sojin umak i papar, zakuhajte, poklopite i kuhajte dok se riba ne skuha i umak ne reducira, oko 20 minuta. Poslužite ukrašeno preostalim vlascem.

prženi iverak

za 4 osobe

4 fileta jezika
sol i svježe mljeveni crni papar
30 ml/2 žlice ulja od kikirikija
1 kriška nasjeckanog korijena đumbira
1 češanj češnjaka, zgnječen
Listovi kupusa

Temeljac obilno začinite solju i paprom. Zagrijte maslinovo ulje i pirjajte đumbir i češnjak 20 sekundi. Dodajte ribu i pržite dok ne bude kuhana i zlatna. Dobro ocijedite i poslužite na podlozi od zelene salate.

Iverak kuhan na pari s kineskim gljivama

za 4 osobe

4 sušene kineske gljive
450 g filea iverka, narezanog na kockice
1 češanj češnjaka, zgnječen
1 kriška nasjeckanog korijena đumbira
15 ml/1 žlica sojinog umaka
15 ml / 1 žlica rižinog vina ili suhog šerija
5 ml/1 žličica smeđeg šećera
350g/12oz kuhane riže dugog zrna

Gljive namočite u toploj vodi 30 minuta, a zatim ocijedite. Odbacite peteljke i odrežite vrhove. Pomiješajte iverak s češnjakom, đumbirom, soja umakom, vinom ili šerijem i šećerom, poklopite i marinirajte 1 sat. Stavite rižu u kuhalo za kuhanje na pari i na nju stavite ribu. Kuhajte na pari oko 30 minuta dok riba ne bude pečena.

temeljac od češnjaka

za 4 osobe

350 g/12 oz fileta iverka

sol

45 ml / 3 žlice kukuruznog brašna (kukuruzni škrob)

1 jaje, tučeno

60 ml/4 žlice ulja od kikirikija

3 češnja češnjaka nasjeckana

4 glavice luka (vlasca), nasjeckane

15 ml / 1 žlica rižinog vina ili suhog šerija

5 ml/1 žličica sezamovog ulja

Mačiće ogulite i narežite na trakice. Pospite solju i ostavite da odstoji 20 minuta. Ribu pospite kukuruznim škrobom i umočite u jaje. Zagrijte ulje i pržite trakice ribe dok ne porumene, oko 4 minute. Izvadite iz posude i ocijedite na papirnatom ubrusu. Odlijte svu 1 žličicu/5 ml ulja iz tave i dodajte preostale sastojke. Zakuhajte, promiješajte i kuhajte 3 minute. Prelijte ribu i odmah poslužite.

Iverak s umakom od ananasa

za 4 osobe

450 g/1 lb fileta iverka

5 ml/1 žličica soli

30 ml/2 žlice soja umaka

200 g / 7 oz konzerviranih komadića ananasa

2 jaja, istučena

100 g/4 oz/¬Ω šalica kukuruznog brašna (kukuruzni škrob)

Ulje za prženje

30 ml/2 žlice vode

5 ml/1 žličica sezamovog ulja

Rižu narežite na trakice i stavite u zdjelu. Pospite solju, sojinim umakom i 2 žlice/30 ml soka od ananasa i ostavite da odstoji 10 minuta. Umutite jaja s 45 ml/3 žlice kukuruznog škroba dok ne postanu pasta i umočite ribu u tu smjesu. Zagrijte ulje i pržite ribu dok ne porumeni. Kuhanu papriku ocijedite. Stavite preostali sok od ananasa u malu tavu. Pomiješajte 30 ml/2 žlice kukuruznog škroba s vodom i umiješajte u tavu. Pustite da zakipi i kuhajte uz miješanje dok se ne zgusne. Dodajte polovicu komadića ananasa i zagrijte. Neposredno prije posluživanja umiješajte sezamovo ulje. Na zagrijani dio stavite kuhanu ribu tanjur i ukrasite rezerviranim ananasom. Prelijte vrućim umakom i odmah poslužite.

Tofu losos

za 4 osobe

120 ml/4 fl oz/¬Ω šalice ulja od kikirikija
450 g/lb tofua narezanog na kockice
2,5 ml/¬Ω c. sezamovo ulje
100g/4oz nasjeckanog fileta lososa
prstohvat čili umaka
250 ml/8oz/1 čaša riblje juhe
15 ml/1 žlica kukuruznog škroba (kukuruzni škrob)
45 ml/3 žlice vode
2 glavice luka (vlasac), nasjeckane

Zagrijte ulje i pržite tofu dok lagano ne porumeni. Izvadite iz tave. Zagrijte ulje i sezamovo ulje i pirjajte umak od lososa i papra 1 minutu. Dodajte juhu, zakuhajte i vratite tofu u tavu. Kuhajte polako, s otvorenim poklopcem, dok se sastojci ne skuhaju, a količina tekućine smanji. Pomiješajte kukuruzni škrob i vodu da napravite pastu. Dodavati malo po malo i miješajući kuhati dok se smjesa ne zgusne. Ako dopustite da se tekućina smanji, možda vam neće trebati svo tijesto od kukuruznog brašna. Prebacite na zagrijani pladanj za posluživanje i pospite vlascem.

Pečena marinirana riba

za 4 osobe

450 g papalina ili druge sitne ribe, očišćene
3 kriške nasjeckanog korijena đumbira
120 ml/4 fl oz/¬Ω šalice soja umaka
15 ml / 1 žlica rižinog vina ili suhog šerija
1 češanj zvjezdastog anisa
Ulje za prženje
15 ml/1 žlica sezamovog ulja

Stavite ribu u zdjelu. Pomiješajte đumbir, sojin umak, vino ili šeri i anis, prelijte ribu i ostavite da odstoji 1 sat uz povremeno okretanje. Ribu ocijedite, marinadu bacite. Zagrijte ulje i pecite ribu u serijama dok ne postane hrskava i zlatna. Stavite na papirnati ubrus i pokapajte sezamovim uljem te poslužite.

pastrva s mrkvom

za 4 osobe

15 ml/1 žlica ulja od kikirikija
1 češanj češnjaka, zgnječen
1 kriška nasjeckanog korijena đumbira
4 pastrve
2 mrkve, narezane na trakice
25 g izdanaka bambusa, narezanih na trakice
25 g vodenog kestena narezanog na trakice
15 ml/1 žlica sojinog umaka
15 ml / 1 žlica rižinog vina ili suhog šerija

Zagrijte maslinovo ulje i pirjajte češnjak i đumbir dok lagano ne porumene. Dodajte ribu, poklopite i pirjajte dok riba ne postane neprozirna. Dodajte mrkvu, mladice bambusa, vodene kestene, sojin umak i vino ili šeri, lagano promiješajte, poklopite i kuhajte oko 5 minuta.

pržene pastrve

za 4 osobe

4 pastrve, očišćene i očišćene od ljuski
2 jaja, istučena
50 g/2 oz/¬Ω šalica glatkog brašna (višenamjenskog)
Ulje za prženje
1 limun, izrezan na kriške

Zarežite ribu nekoliko puta dijagonalno sa svake strane. Umočite u razmućena jaja i promiješajte u brašnu da se dobro obloži. Otresite sav višak. Zagrijte ulje i pržite ribu dok ne bude pečena, oko 10-15 minuta. Ocijedite na papirnatom ručniku i poslužite s limunom.

Pastrva s umakom od limuna

za 4 osobe

450 ml/¬œ pt/2 šalice pileće juhe

5 cm četvrtaste korice limuna

150 ml/¬° pt/¬Ω dosta limunovog soka

90 ml/6 žlica smeđeg šećera

2 kriške korijena đumbira, narezane na trakice

30 ml/2 žlice kukuruznog škroba (kukuruzni škrob)

4 pastrve

375 g/12 oz/3 šalice glatkog brašna (višenamjenskog)

6 fl oz/¬œ šalice vode

Ulje za prženje

2 bjelanjka

8 mladog luka (zeleni luk), narezan na tanke ploške

Za pripremu umaka 5 minuta miksajte juhu, koricu limuna, sok i šećer. Maknite s vatre, ocijedite i vratite u posudu. Škrob pomiješajte s malo vode i ulijte u tavu. Kuhajte 5 minuta uz stalno miješanje. Maknite s vatre i držite umak toplim.

Ribu s obje strane lagano premažite s malo brašna. Umiješajte preostalo brašno s vodom i 2 žličice/10 ml ulja dok ne postane glatko. Od bjelanjaka istucite čvrsti ali ne suhi snijeg i umiješajte ga u tijesto. Zagrijte preostalo ulje. Umočite ribu u tijesto da je potpuno prekrije. Kuhajte ribu, okrećući je jednom, dok ne bude kuhana i zlatna, oko 10 minuta. Ocijediti na papirnatim ubrusima. Ribu složiti na zagrijani tanjur. U ljuti umak umiješajte mladi luk, prelijte ribu i odmah poslužite.

kineska tuna

za 4 osobe

30 ml/2 žlice ulja od kikirikija
1 kosani luk
200 g tune iz konzerve, ocijeđene i narezane na listiće
2 nasjeckane stabljike celera
100g/4oz nasjeckanih gljiva
1 zelena paprika, nasjeckana
250 ml/8 oz/1 šalica temeljca
30 ml/2 žlice soja umaka
100g/4oz tankih rezanaca od jaja
sol
15 ml/1 žlica kukuruznog škroba (kukuruzni škrob)
45 ml/3 žlice vode

Zagrijte ulje i pirjajte luk dok ne omekša. Dodajte tunu i miješajte dok se dobro ne prekrije uljem. Dodajte celer, gljive i papar te pirjajte 2 minute. Dodajte juhu i sojin umak, zakuhajte, poklopite i kuhajte 15 minuta. U međuvremenu kuhajte tjesteninu u kipućoj slanoj vodi oko 5 minuta dok ne omekša, dobro je ocijedite i stavite na topli tanjur za posluživanje.

registarska tablica. Pomiješajte kukuruzni škrob i vodu, dodajte smjesu u umak od tune i kuhajte uz miješanje dok umak ne posvijetli i zgusne se.

Marinirani riblji odresci

za 4 osobe

4 odreska baka ili bjelanca
2 češnja češnjaka, zgnječena
2 zgnječene kriške korijena đumbira
3 glavice luka (vlasac), nasjeckane
15 ml / 1 žlica rižinog vina ili suhog šerija
15 ml / 1 žlica vinskog octa
sol i svježe mljeveni crni papar
45 ml/3 žlice ulja od kikirikija

Stavite ribu u zdjelu. Pomiješajte češnjak, đumbir, mladi luk, vino ili šeri, vinski ocat, sol i papar, prelijte ribu, poklopite i ostavite da se marinira nekoliko sati. Izvadite ribu iz marinade. Zagrijte ulje i pržite ribu dok ne porumeni s obje strane, a zatim je izvadite iz tave. Dodajte marinadu u tavu, pustite da prokuha, zatim vratite ribu u tavu i kuhajte dok ne bude kuhana.

škampi od badema

za 4 osobe

100 g / 4 unce badema

8 oz/225 g velikih račića

2 kriške nasjeckanog korijena đumbira

15 ml/1 žlica kukuruznog škroba (kukuruzni škrob)

2,5 ml/¬Ω cc soli

30 ml/2 žlice ulja od kikirikija

2 češnja češnjaka

2 nasjeckane stabljike celera

5 ml/1 žličica soja umaka

5 ml/1 žličica rižinog vina ili suhog šerija

30 ml/2 žlice vode

Tostirajte bademe na suhoj tavi dok ne porumene i ostavite sa strane. Škampe ogulite, ostavite im repove i prepolovite ih po dužini, sve do repa. Pomiješajte s đumbirom, kukuruznim škrobom i soli. Zagrijte maslinovo ulje i pirjajte češnjak dok lagano ne porumeni, a zatim češnjak bacite. Dodajte celer, sojin umak, vino ili šeri i vodu u tavu i pustite da zavrije. Dodajte škampe i pirjajte dok se ne zagriju. Poslužite tako da po vrhu pospete pečene bademe.

Račići od anisa

za 4 osobe

45 ml/3 žlice ulja od kikirikija
15 ml/1 žlica sojinog umaka
5 ml/1 žličica šećera
120 ml/4 fl oz/¬Ω stakleni riblji temeljac
prstohvat mljevenog anisa
450 g oguljenih škampa

Zagrijte ulje, dodajte sojin umak, šećer, juhu i anis te prokuhajte. Dodajte škampe i kuhajte nekoliko minuta dok se ne zagriju i ne zamirišu.

škampi sa šparogama

za 4 osobe

450 g šparoga narezanih na komade

45 ml/3 žlice ulja od kikirikija

2 kriške nasjeckanog korijena đumbira

15 ml/1 žlica sojinog umaka

15 ml / 1 žlica rižinog vina ili suhog šerija

5 ml/1 žličica šećera

2,5 ml/¬Ω cc soli

225 g škampa s ljuskom

Šparoge blanširajte u kipućoj vodi 2 minute i temeljito ocijedite. Zagrijte ulje i pirjajte đumbir nekoliko sekundi. Dodajte šparoge i dobro promiješajte s uljem. Dodajte soja umak, vino ili sherry, šećer i sol te zagrijte. Dodajte kozice i miješajte na laganoj vatri dok šparoge ne omekšaju.

škampi sa slaninom

za 4 osobe

450 g velikih škampa
100g/4oz slanine
1 jaje, lagano tučeno
2,5 ml/½ cc soli
15 ml/1 žlica sojinog umaka
50 g/2 oz/½ šalice kukuruznog brašna (kukuruzni škrob)
Ulje za prženje

Ogulite škampe, ostavite im repove netaknute. Prepolovite po dužini do repa. Slaninu narežite na male kockice. U sredinu svake kozice utisnite komad slanine i pritisnite dvije polovice jednu za drugu. Umutite jaje sa soli i soja umakom. Umočite škampe u jaje i pospite ih kukuruznim škrobom. Zagrijte ulje i pržite kozice dok ne postanu hrskave i zlatne.

okruglice od kozica

za 4 osobe

3 sušene kineske gljive
450 g/1 lb sitno nasjeckanih škampa
6 sitno nasjeckanih vodenih kestena
1 mladi luk (kapula), sitno nasjeckan
1 kriška korijena đumbira, sitno nasjeckanog
sol i svježe mljeveni crni papar
2 jaja, istučena
15 ml/1 žlica kukuruznog škroba (kukuruzni škrob)
50 g/2 oz/¬Ω šalica glatkog brašna (višenamjenskog)
kikiriki (kikiriki) ulje za prženje

Gljive namočite u toploj vodi 30 minuta, a zatim ocijedite. Bacite peteljke, a vrhove sitno nasjeckajte. Pomiješajte sa škampima, kestenima, mladim lukom i đumbirom te začinite solju i paprom. Pomiješajte 1 jaje i 1 žličicu/5 ml kukuruznog brašna u kuglice veličine žličice.

Umutite preostalo jaje, kukuruzni škrob i brašno i dodajte toliko vode da dobijete gusto, glatko tijesto. Uvaljajte loptice

Da pokucam na vrata. Zagrijte ulje i pržite nekoliko minuta dok lagano ne porumene.

škampi na žaru

za 4 osobe

450 g oguljenih velikih škampa
100g/4oz slanine
8 oz/225 g pilećih jetrica, narezanih
1 češanj češnjaka, zgnječen
2 kriške nasjeckanog korijena đumbira
30 ml/2 žlice šećera
120 ml/4 fl oz/¬Ω šalice soja umaka
sol i svježe mljeveni crni papar

Ne režući kozice, zarežite ih uzdužno sa stražnje strane i malo spljoštite. Slaninu narežite na komade i stavite u zdjelu sa škampima i pilećim jetricama. Pomiješajte preostale sastojke, prelijte preko škampa i ostavite da odstoji 30 minuta. Nanizajte škampe, slaninu i jetru na ražnjiće i pecite ih na roštilju dok ne budu kuhani, često ih okrećući, oko 5 minuta, povremeno podlijevajući marinadom.

Škampi s mladicama bambusa

za 4 osobe

60 ml/4 žlice ulja od kikirikija
1 režanj češnjaka nasjeckan
1 kriška nasjeckanog korijena đumbira
450 g oguljenih škampa
30 ml/2 žlice rižinog vina ili suhog šerija
225 g mladica bambusa
30 ml/2 žlice soja umaka
15 ml/1 žlica kukuruznog škroba (kukuruzni škrob)
45 ml/3 žlice vode

Zagrijte maslinovo ulje i pirjajte češnjak i đumbir dok lagano ne porumene. Dodajte škampe i pirjajte 1 minutu. Dodajte vino ili šeri i dobro promiješajte. Dodajte mladice bambusa i pirjajte 5 minuta. Dodajte preostale sastojke i pirjajte 2 minute.

Škampi s klicama graha

za 4 osobe

4 sušene kineske gljive
30 ml/2 žlice ulja od kikirikija
1 češanj češnjaka, zgnječen
225 g škampa s ljuskom
15 ml / 1 žlica rižinog vina ili suhog šerija
450 g klica graha
120 ml/4 fl oz/¬Ω šalice pileće juhe
15 ml/1 žlica sojinog umaka
15 ml/1 žlica kukuruznog škroba (kukuruzni škrob)
sol i svježe mljeveni crni papar
2 glavice luka (vlasac), nasjeckane

Gljive namočite u toploj vodi 30 minuta, a zatim ocijedite. Bacite peteljke i odrežite vrhove. Zagrijte maslinovo ulje i pirjajte češnjak dok lagano ne porumeni. Dodajte škampe i pirjajte 1 minutu. Dodajte vino ili šeri i pirjajte 1 minutu. Dodajte gljive i klice graha. Pomiješajte juhu, sojin umak i kukuruzni škrob i umiješajte u tavu. Pustite da zakipi i kuhajte uz miješanje dok umak ne posvijetli i ne zgusne se. Posolite i popaprite. Poslužite posuto vlascem.

Škampi s umakom od crnog graha

za 4 osobe

30 ml/2 žlice ulja od kikirikija
5 ml/1 žličica soli
1 češanj češnjaka, zgnječen
45 ml/3 žlice umaka od crnog graha
1 zelena paprika, nasjeckana
1 kosani luk
120 ml/4 fl oz/¬Ω stakleni riblji temeljac
5 ml/1 žličica šećera
15 ml/1 žlica sojinog umaka
225 g škampa s ljuskom
15 ml/1 žlica kukuruznog škroba (kukuruzni škrob)
45 ml/3 žlice vode

Zagrijte maslinovo ulje i pirjajte umak od soli, češnjaka i crnog graha 2 minute. Dodajte papar i luk te pirjajte 2 minute. Dodajte juhu, šećer i soja umak i prokuhajte. Dodajte škampe i kuhajte 2 minute. Pomiješajte kukuruzno brašno s vodom dok ne postane pasta, dodajte u tavu i kuhajte uz miješanje dok umak ne postane svijetli i gust.

Škampi s celerom

za 4 osobe

45 ml/3 žlice ulja od kikirikija
3 kriške nasjeckanog korijena đumbira
450 g oguljenih škampa
5 ml/1 žličica soli
15 ml/1 žlica šerija
4 nasjeckane stabljike celera
100 g/4 oz nasjeckanih badema

Zagrijte pola maslinovog ulja i pirjajte đumbir dok lagano ne porumeni. Dodajte kozice, sol i šeri i pirjajte dok se dobro ne prekriju uljem i izvadite iz tave. Zagrijte preostalo maslinovo ulje i pirjajte celer i bademe nekoliko minuta dok celer ne omekša, ali i dalje bude hrskav. Vratite škampe u tavu, dobro promiješajte i zagrijte prije posluživanja.

Prženi škampi s piletinom

za 4 osobe

30 ml/2 žlice ulja od kikirikija
2 češnja češnjaka, zgnječena
225g/8oz kuhane piletine, tanko narezane
100 g/4 oz izdanaka bambusa, narezanih
100 g šampinjona narezanih na ploške
75 ml/5 žlica ribljeg temeljca
225 g škampa s ljuskom
225 g graška
15 ml/1 žlica kukuruznog škroba (kukuruzni škrob)
45 ml/3 žlice vode

Zagrijte maslinovo ulje i pirjajte češnjak dok lagano ne porumeni. Dodajte piletinu, mladice bambusa i gljive i pirjajte dok se dobro ne prekriju uljem. Dodajte juhu i pustite da zavrije. Dodajte škampe i grašak, poklopite i kuhajte 5 minuta. Pomiješajte kukuruzni škrob i vodu da napravite pastu, umiješajte u tavi i kuhajte, miješajući, dok umak ne posvijetli i ne zgusne se. Poslužite odmah.

papar škampi

za 4 osobe

450 g oguljenih škampa

1 bjelanjak

10ml/2 žličice kukuruznog škroba (kukuruzni škrob)

5 ml/1 žličica soli

60 ml/4 žlice ulja od kikirikija

25 g suhe crvene paprike, narezati

1 češanj češnjaka, zgnječen

5 ml/1 žličica svježe mljevenog papra

15 ml/1 žlica sojinog umaka

5 ml/1 žličica rižinog vina ili suhog šerija

2,5 ml/¬Ω c. šećer

2,5 ml/¬Ω cc vinskog octa

2,5 ml/¬Ω c. sezamovo ulje

Stavite škampe u zdjelu s bjelanjcima, kukuruznim škrobom i soli i ostavite da se mariniraju 30 minuta. Zagrijte maslinovo ulje i pirjajte papriku, češnjak i papar 1 minutu. Dodajte škampe i ostale sastojke te pirjajte nekoliko minuta dok se škampi ne zagriju i sastojci dobro sjedine.

Škampi Chop Suey

za 4 osobe

60 ml/4 žlice ulja od kikirikija

2 glavice luka (vlasac), nasjeckane

2 češnja češnjaka, zgnječena

1 kriška nasjeckanog korijena đumbira

225 g škampa s ljuskom

100g/4oz smrznutog graška

100 g gljiva, prepolovljenih

30 ml/2 žlice soja umaka

15 ml / 1 žlica rižinog vina ili suhog šerija

5 ml/1 žličica šećera

5 ml/1 žličica soli

15 ml/1 žlica kukuruznog škroba (kukuruzni škrob)

Zagrijte 45 ml/3 žlice ulja i pirjajte mladi luk, češnjak i đumbir dok lagano ne porumene. Dodajte škampe i pirjajte 1 minutu. Izvadite iz tave. Zagrijte preostalo maslinovo ulje i pirjajte grašak i gljive 3 minute. Dodajte škampe, sojin umak, vino ili šeri, šećer i sol i pirjajte 2 minute. Kukuruzni škrob pomiješajte s malo vode, ulijte u tavu i kuhajte uz miješanje dok umak ne postane svijetli i gust.

Chow Mein od škampa

za 4 osobe

450 g oguljenih škampa

15 ml/1 žlica kukuruznog škroba (kukuruzni škrob)

15 ml/1 žlica sojinog umaka

15 ml / 1 žlica rižinog vina ili suhog šerija

4 sušene kineske gljive

30 ml/2 žlice ulja od kikirikija

5 ml/1 žličica soli

1 kriška nasjeckanog korijena đumbira

100 g kineskog kupusa, narezanog na ploške

100 g/4 oz izdanaka bambusa, narezanih

prženi rezanci

Račiće prelijte kukuruznim škrobom, sojinim umakom i vinom ili šerijem i ostavite da odstoje, povremeno miješajući. Gljive namočite u toploj vodi 30 minuta, a zatim ocijedite. Bacite peteljke i odrežite vrhove. Zagrijte ulje i pirjajte sol i đumbir 1 minutu. Dodajte kupus i mladice bambusa i miješajte dok se ne prekriju uljem. Zatvorite poklopac i kuhajte 2 minute. Dodajte škampe i marinadu te pirjajte 3 minute. Dodajte ocijeđenu tjesteninu i zagrijte prije posluživanja.

Škampi s tikvicama i ličijem

za 4 osobe

12 kraljevskih kozica
sol i papar
10 ml/2 žličice sojinog umaka
10ml/2 žličice kukuruznog škroba (kukuruzni škrob)
15 ml/1 žlica ulja od kikirikija
4 češnja češnjaka, zgnječena
2 crvene paprike, nasjeckane
8 oz/225 g tikvica, nasjeckanih
2 glavice luka (vlasac), nasjeckane
12 ličija bez sjemenki
4 fl oz/¬Ω šalica/120 ml kokosovog vrhnja
10 ml/2 žličice laganog curry praha
5 ml/1 žličica ribljeg umaka

Ogulite škampe, ostavite repove. Pospite solju, paprom i soja umakom te premažite kukuruznim škrobom. Zagrijte maslinovo ulje i pirjajte češnjak, papar i kozice 1 minutu. Dodajte tikvice, vlasac i liči te pirjajte 1 minutu. Izvadite iz tave. Kokosovo vrhnje ulijte u tavu, zakuhajte i kuhajte 2 minute dok se ne zgusne. Umiješajte curry.

prah i riblji umak, te začinite solju i paprom. Stavite škampe i povrće u umak da se zagriju prije posluživanja.

račići škampi

za 4 osobe

45 ml/3 žlice ulja od kikirikija
3 glavice luka (vlasac), nasjeckane
1 narezani korijen đumbira, nasjeckan
225 g/8 oz mesa rakova
15 ml / 1 žlica rižinog vina ili suhog šerija
30 ml/2 žlice pileće ili riblje juhe
15 ml/1 žlica sojinog umaka
5 ml/1 žličica smeđeg šećera
5 ml/1 žličica vinskog octa
svježi crni papar
10ml/2 žličice kukuruznog škroba (kukuruzni škrob)
225 g škampa s ljuskom

Zagrijte 30 ml/2 žlice ulja i pirjajte mladi luk i đumbir dok lagano ne porumene. Dodajte meso rakova i pirjajte 2 minute. Dodajte vino ili šeri, juhu, sojin umak, šećer i ocat te začinite paprom. Pirjajte 3 minute. Škrob pomiješajte s malo vode i dodajte u umak. Kuhajte uz miješanje dok se umak ne zgusne. Za to vrijeme u posebnoj tavi zagrijte preostalo ulje i popirjajte škampe nekoliko minuta.

minuta dok se ne zagrije. Stavite smjesu od rakova na zagrijani tanjur i ukrasite škampima.

Krastavac Škampi

za 4 osobe

225 g škampa s ljuskom
sol i svježe mljeveni crni papar
15 ml/1 žlica kukuruznog škroba (kukuruzni škrob)
1 krastavac
45 ml/3 žlice ulja od kikirikija
2 češnja češnjaka, zgnječena
1 glavica luka sitno nasjeckana
15 ml / 1 žlica rižinog vina ili suhog šerija
2 kriške nasjeckanog korijena đumbira

Škampe posolite, popaprite i pomiješajte s kukuruznim škrobom. Krastavac ogulite, izvadite sjemenke i narežite na deblje ploške. Zagrijte pola maslinovog ulja i pirjajte češnjak i luk dok lagano ne porumene. Dodajte škampe i sherry i pirjajte 2 minute, a zatim uklonite sastojke iz tave. Zagrijte preostalo ulje i pirjajte đumbir 1 minutu. Dodajte krastavac i pirjajte 2 minute. Vratite smjesu za škampe u tavu i pirjajte dok se dobro ne sjedini i zagrije.

Kari od račića

za 4 osobe

45 ml/3 žlice ulja od kikirikija
4 glavice mladog luka, narezane na ploške
30 ml/2 žlice curry praha
2,5 ml/¬Ω cc soli
120 ml/4 fl oz/¬Ω šalice pileće juhe
450 g oguljenih škampa

Zagrijte maslinovo ulje i pirjajte vlasac 30 sekundi. Dodajte curry prah i sol te pirjajte 1 minutu. Dodajte juhu, zakuhajte i kuhajte uz miješanje 2 minute. Dodajte škampe i lagano zagrijte.

Curry od škampa i gljiva

za 4 osobe

5 ml/1 žličica soja umaka

5 ml/1 žličica rižinog vina ili suhog šerija

225 g škampa s ljuskom

30 ml/2 žlice ulja od kikirikija

2 češnja češnjaka, zgnječena

1 kriška korijena đumbira, sitno nasjeckanog

1 glavica luka, narezana na četvrtine

100 g šampinjona

100g/4oz svježeg ili smrznutog graška

15 ml/1 žlica curry praha

15 ml/1 žlica kukuruznog škroba (kukuruzni škrob)

150 ml/¬°pt/¬Ω velika čaša pileće juhe

Pomiješajte soja umak, vino ili sherry i škampe. Zagrijte maslinovo ulje s češnjakom i đumbirom i pirjajte dok lagano ne porumene. Dodajte luk, gljive i grašak te pirjajte 2 minute. Dodajte curry prah i kukuruzni škrob i pirjajte 2 minute. Malo po malo dodajte juhu, zakuhajte, poklopite i kuhajte 5 minuta uz povremeno miješanje. Dodajte škampe i marinadu, poklopite i kuhajte 2 minute.

prženi škampi

za 4 osobe

450 g oguljenih škampa
30 ml/2 žlice rižinog vina ili suhog šerija
5 ml/1 žličica soli
Ulje za prženje
umak od soje

Kozice prelijte vinom ili sherryjem i pospite solju. Pustite da odstoji 15 minuta, zatim ocijedite i osušite. Zagrijte ulje i pržite škampe nekoliko sekundi dok ne postanu hrskavi. Poslužite preliveno soja umakom.

Prženi pohani škampi

za 4 osobe

50 g/2 oz/¬Ω šalica glatkog brašna (višenamjenskog)

2,5 ml/¬Ω cc soli

1 jaje, lagano tučeno

30 ml/2 žlice vode

450 g oguljenih škampa

Ulje za prženje

Pomiješajte brašno, sol, jaje i vodu dok ne dobijete tijesto, po potrebi dodajte malo vode. Umiješajte škampe dok se dobro ne prekriju. Zagrijte ulje i pržite kozice nekoliko minuta dok ne postanu hrskave i zlatne boje.

Ćufte od škampa s umakom od rajčice

za 4 osobe

900 g škampa s ljuskom

450 g/lb mljevenog bakalara

4 jaja, istučena

50 g/2 oz/¬Ω šalice kukuruznog brašna (kukuruzni škrob)

2 češnja češnjaka, zgnječena

30 ml/2 žlice soja umaka

15 ml/1 žlica šećera

15 ml/1 žlica ulja od kikirikija

Za umak:

30 ml/2 žlice ulja od kikirikija

100 g/4 oz vlasca (vlasac), nasjeckanog

100g/4oz nasjeckanih gljiva

100g/4oz šunke, narezane na kockice

2 nasjeckane stabljike celera

200g/7oz rajčice, oguljene i nasjeckane

300 ml/¬Ω pt/1¬° čaša vode

sol i svježe mljeveni crni papar

15 ml/1 žlica kukuruznog škroba (kukuruzni škrob)

Škampe sitno nasjeckajte i pomiješajte s bakalarom. Dodajte jaja, kukuruzni škrob, češnjak, sojin umak, šećer i ulje. U velikom loncu zakuhajte vodu i žlicu smjese ulijte u tavu. Vratite na vatru i kuhajte nekoliko minuta dok knedle ne isplivaju na površinu. Temeljito osušite. Za pripremu umaka zagrijte maslinovo ulje i pirjajte vlasac dok ne omekša, ali ne smeđi. Dodajte gljive i pirjajte 1 minutu, dodajte šunku, celer i rajčicu i pirjajte 1 minutu. Dodajte vodu, pustite da zavrije i začinite solju i paprom. Zatvorite poklopac i kuhajte 10 minuta uz povremeno miješanje. Kukuruzni škrob pomiješajte s malo vode i umiješajte u umak. Kuhajte uz miješanje nekoliko minuta dok umak ne posvijetli i zgusne se. Poslužite uz mesne okruglice.

Škampi i jaja

za 4 osobe

15 ml/1 žlica sezamovog ulja
8 oguljenih škampa
1 crvena paprika, nasjeckana
2 glavice luka (vlasac), nasjeckane
30 ml/2 jušne žlice nasjeckanog morskog uha (po želji)
8 jaja
15 ml/1 žlica sojinog umaka
sol i svježe mljeveni crni papar
nekoliko grančica pljosnatog peršina

Koristite sezamovo ulje za namastiti 8 ramekina. Ako koristite, stavite škampi na svaki tanjur zajedno s malo paprike, vlasca i morskog uha. Razbijte jaje u svaku zdjelu i začinite soja umakom, soli i paprom. Stavite ramekine na lim za pečenje i stavite ih peći u prethodno zagrijanu pećnicu na 200°C/400°F/termostat 6 oko 15 minuta dok se jaja ne stvrdnu i vanjska strana ne postane lagano hrskava. Nježno ih stavite na zagrijani tanjur i ukrasite peršinom.

Carske rolice sa škampima

za 4 osobe

225 g klica graha
30 ml/2 žlice ulja od kikirikija
4 nasjeckane stabljike celera
100g/4oz nasjeckanih gljiva
8 oz/225 g oguljenih škampa, nasjeckanih
15 ml / 1 žlica rižinog vina ili suhog šerija
2,5 ml/¬Ω cc kukuruznog brašna (kukuruzni škrob)
2,5 ml/¬Ω cc soli
2,5 ml/¬Ω c. šećer
12 školjki proljetnih rolada
1 jaje, tučeno
Ulje za prženje

Klice graha kuhajte u kipućoj vodi 2 minute i ocijedite. Zagrijte maslinovo ulje i pirjajte celer 1 minutu. Dodajte gljive i pirjajte 1 minutu. Dodajte škampe, vino ili šeri, kukuruzni škrob, sol i šećer i pirjajte 2 minute. Neka se ohladi.

U sredinu svake kore stavite malo nadjeva, a rubove premažite razmućenim jajetom. Savijte rubove i zarolajte roladu od sebe, zalijepite rubove jajetom. Zagrijte ulje i pržite dok ne porumene.

orijentalni škampi

za 4 osobe

16–20 oguljenih škampa

sok od 1 limuna

120 ml/4 fl oz/¬Ω šalica suhog bijelog vina

30 ml/2 žlice soja umaka

30ml/2 žlice meda

15 ml / 1 žlica limunove korice

sol i papar

45 ml/3 žlice ulja od kikirikija

1 režanj češnjaka nasjeckan

6 mladog luka (zeleni luk), narezanog na trakice

2 mrkve, narezane na trakice

5 ml/1 žličica pet začina u prahu

5 ml/1 žličica kukuruznog škroba (kukuruzni škrob)

Račiće prelijte limunovim sokom, vinom, soja umakom, medom i limunovom koricom te začinite solju i paprom. Zatvorite poklopac i ostavite da se marinira 1 sat. Zagrijte maslinovo ulje i pirjajte češnjak dok lagano ne porumeni. Dodajte povrće i pirjajte dok ne omekša, ali ostane hrskavo. Ocijedite škampe, dodajte u tavu i pirjajte 2 minute. Varijacija

Marinirajte i pomiješajte s pet začina u prahu i kukuruznim škrobom. Dodajte u wok, dobro promiješajte i pustite da zavrije.

Foo Yung škampi

za 4 osobe

6 jaja, istučenih

45 ml / 3 žlice kukuruznog brašna (kukuruzni škrob)

225 g škampa s ljuskom

100 g šampinjona narezanih na ploške

5 ml/1 žličica soli

2 glavice luka (vlasac), nasjeckane

45 ml/3 žlice ulja od kikirikija

Umutite jaja pa dodajte kukuruzni škrob. Dodajte sve preostale sastojke osim ulja. Zagrijte ulje i postupno ulijevajte smjesu u tavu da dobijete palačinke promjera oko 7,5 cm. Pržite dok donja strana ne porumeni, zatim okrenite i pržite drugu stranu.

prženi škampi

za 4 osobe

12 velikih sirovih škampa
1 jaje, tučeno
30 ml/2 žlice kukuruznog škroba (kukuruzni škrob)
prstohvat soli
prstohvat papra
3 kriške kruha
1 kuhani žumanjak (tvrdo) nasjeckan
25g/1oz kuhane šunke, narezane na kockice
1 vlasac (zeleni luk), nasjeckan
Ulje za prženje

Uklonite ljuske i žile sa leđa škampa, a repove ostavite netaknute. Zarežite leđa škampi oštrim nožem i malo spljoštite. Umutiti jaje, kukuruzni škrob, sol i papar. Umiješajte škampe u smjesu dok se potpuno ne prekriju. Kruhu skinite koru i narežite ga na četvrtine. Na svaki komad stavite kozicu prerezanom stranom prema dolje i pritisnite. Premažite malo smjese od jaja preko svake kozice i pospite žumanjkom, šunkom i vlascem. Zagrijte ulje i pržite komade kruha od kozica u serijama dok ne porumene. Ocijedite na papirnatom ručniku i poslužite vruće.

Pirjani škampi s umakom

za 4 osobe

75g/3oz/½ šalice kukuruznog brašna (kukuruzni škrob)
¬Ω jaje, tučeno
5 ml/1 žličica rižinog vina ili suhog šerija
sol
450 g oguljenih škampa
45 ml/3 žlice ulja od kikirikija
5 ml/1 žličica sezamovog ulja
1 češanj češnjaka, zgnječen
1 kriška nasjeckanog korijena đumbira
3 zelena luka (majka), narezana na ploške
15 ml/1 žlica riblje juhe
5 ml/1 žličica vinskog octa
5 ml/1 žličica šećera

Pomiješajte kukuruzni škrob, jaje, vino ili šeri i prstohvat soli da napravite pastu. Umočite škampe u tijesto tako da budu lagano obloženi. Zagrijte ulje i pržite škampe dok izvana ne budu hrskavi. Izvadite ih iz posude i ocijedite ulje. Zagrijte sezamovo ulje u tavi, dodajte škampe, češnjak, đumbir i vlasac i pirjajte 3 minute. Dodajte juhu, vinski ocat i šećer, dobro promiješajte i zagrijte prije posluživanja.

Kuhani škampi sa šunkom i tofuom

za 4 osobe

30 ml/2 žlice ulja od kikirikija

225 g tofua, na kockice

600 ml/1 pt/2 Ω šalice pileće juhe

100g/4oz dimljene šunke, narezane na kockice

225 g škampa s ljuskom

Zagrijte ulje i pržite tofu dok lagano ne porumeni. Izvadite iz posude i ocijedite. Zagrijte juhu, dodajte tofu i šunku te kuhajte na laganoj vatri dok se tofu ne skuha, oko 10 minuta. Dodajte škampe i kuhajte još 5 minuta dok se ne zagriju. Poslužite u dubokim zdjelicama.

Škampi s umakom od jastoga

za 4 osobe

45 ml/3 žlice ulja od kikirikija

2 češnja češnjaka, zgnječena

5 ml/1 žličica nasjeckanog crnog graha

100g/4oz mljevene svinjetine (mljevene)

450 g oguljenih škampa

15 ml / 1 žlica rižinog vina ili suhog šerija

300 ml/¬Ω pt/1¬° staklena pileća juha

30 ml/2 žlice kukuruznog škroba (kukuruzni škrob)

2 jaja, istučena

15 ml/1 žlica sojinog umaka

2,5 ml/¬Ω cc soli

2,5 ml/¬Ω c. šećer

2 glavice luka (vlasac), nasjeckane

Zagrijte maslinovo ulje i pirjajte češnjak i crni grah dok češnjak lagano ne porumeni. Dodajte svinjetinu i pirjajte dok ne porumeni. Dodajte škampe i pirjajte 1 minutu. Dodajte sherry, poklopite i kuhajte 1 minutu. Dodajte juhu i kukuruzni škrob, zakuhajte, promiješajte, poklopite i kuhajte 5 minuta. Dodajte jaja, neprestano miješajući da se oblikuju trake. Dodajte soju

Dodajte umak, sol, šećer i vlasac te kuhajte nekoliko minuta prije posluživanja.

ukiseljeno uho

za 4 osobe

450g/1lb konzerviranog morskog uha

45 ml/3 žlice soja umaka

30 ml/2 žlice vinskog octa

5 ml/1 žličica šećera

nekoliko kapi sezamovog ulja

Ocijedite abalone i narežite na tanke ploške ili trakice. Pomiješajte preostale sastojke, prelijte preko abalona i dobro promiješajte. Pokrijte i stavite u hladnjak na 1 sat.

Pržene mladice bambusa

za 4 osobe

60 ml/4 žlice ulja od kikirikija

225 g mladica bambusa, narezanih na trakice

60 ml/4 žlice pileće juhe

15 ml/1 žlica sojinog umaka

5 ml/1 žličica šećera

5 ml/1 žličica rižinog vina ili suhog šerija

Zagrijte ulje i pirjajte mladice bambusa 3 minute. Pomiješajte juhu, soja umak, šećer i vino ili šeri i dodajte u tavu. Zatvorite poklopac i kuhajte 20 minuta. Neka se ohladi i ohladi prije posluživanja.

Piletina s krastavcima

za 4 osobe

1 krastavac, oguljen i bez sjemenki
8 oz/225 g kuhane piletine, izrezane na komade
5 ml/1 žličica senfa u prahu
2,5 ml/¬Ω cc soli
30 ml/2 žlice vinskog octa

Krastavac narežite na trakice i stavite u plitku posudu. Stavite piletinu na vrh. Prilikom posluživanja pomiješajte senf, sol i vinski ocat i prelijte preko piletine.

Piletina sa sezamom

za 4 osobe

350g/12oz kuhane piletine
120 ml/4 fl oz/¬Ω čaša vode
5 ml/1 žličica senfa u prahu
15 ml / 1 žlica sjemenki sezama
2,5 ml/¬Ω cc soli
prstohvat šećera
45 ml/3 žlice nasjeckanog svježeg korijandera
5 vlasca (vlasca), nasjeckanog
¬Ω glavica zelene salate, nasjeckana

Piletinu nasjeckajte na tanke trakice. Pomiješajte senf s dovoljno vode da dobijete glatku pastu i umiješajte u piletinu. Na suhoj tavi ispecite sezamove sjemenke dok ne porumene, dodajte piletini i pospite solju i šećerom. Dodajte polovicu peršina i vlasac i dobro promiješajte. Stavite zelenu salatu na tanjur, prekrijte smjesom od piletine i ukrasite preostalim peršinom.

liči od đumbira

za 4 osobe

*1 veća lubenica, prepolovljena i očišćena od sjemenki
450 g konzerviranog ličija, ocijeđenog
2 inča/5 cm stabljike đumbira, narezane na kriške
malo listića metvice*

Polovice dinje ukrasite ličijem i đumbirom, ukrasite listićima mente. Ohladite prije posluživanja.

Crvena kuhana pileća krilca

za 4 osobe

8 pilećih krilaca
2 glavice luka (vlasac), nasjeckane
75 ml/5 žlica soja umaka
120 ml/4 fl oz/¬Ω čaša vode
30 ml/2 žlice smeđeg šećera

Pilećim krilcima odrežite krajeve kostiju i prepolovite ih. Stavite u lonac s preostalim sastojcima, zakuhajte, poklopite i kuhajte 30 minuta. Maknite poklopac i kuhajte još 15 minuta uz često pritiskanje. Neka se ohladi i ohladi prije posluživanja.

Meso rakova od krastavaca

za 4 osobe

100 g mesa rakova, izmrvljenog
2 krastavca, oguljena i naribana
1 kriška nasjeckanog korijena đumbira
15 ml/1 žlica sojinog umaka
30 ml/2 žlice vinskog octa
5 ml/1 žličica šećera
nekoliko kapi sezamovog ulja

U zdjelu stavite meso rakova i krastavce. Pomiješajte preostale sastojke, prelijte smjesu od mesa rakova i dobro promiješajte. Pokrijte i ohladite 30 minuta prije posluživanja.

marinirane gljive

za 4 osobe

225 g šampinjona

30 ml / 2 žlice soja umaka

15 ml / 1 žlica rižinog vina ili suhog šerija

prstohvat soli

nekoliko kapi tabasco umaka

nekoliko kapi sezamovog ulja

Gljive kuhajte 2 minute u kipućoj vodi, ocijedite i osušite. Stavite u zdjelu i ulijte preostale sastojke. Dobro izmiješajte i ohladite prije posluživanja.

marinirane gljive

za 4 osobe

225 g šampinjona
3 češnja češnjaka, zgnječena
30 ml/2 žlice soja umaka
30 ml/2 žlice rižinog vina ili suhog šerija
15 ml/1 žlica sezamovog ulja
prstohvat soli

Gljive i češnjak stavite u cjedilo, prelijte kipućom vodom i ostavite 3 minute. Ocijedite i temeljito osušite. Pomiješajte preostale sastojke, prelijte marinadu preko gljiva i ostavite da se mariniraju 1 sat.

škampi i cvjetača

za 4 osobe

8 oz/225 g cvjetova cvjetače

100g/4oz oguljenih škampa

15 ml/1 žlica sojinog umaka

5 ml/1 žličica sezamovog ulja

Kuhajte cvjetaču dok ne bude mekana, ali još uvijek hrskava, oko 5 minuta. Pomiješajte sa škampima, pospite soja umakom i sezamovim uljem te promiješajte. Ohladite prije posluživanja.

štapići šunke sa sezamom

za 4 osobe

225 g šunke narezane na trakice
10 ml/2 žličice sojinog umaka
2,5 ml/½ č. sezamovo ulje

Rasporedite šunku na tanjur. Pomiješajte sojin umak i sezamovo ulje, pospite po šunki i poslužite.

Hladni tofu

za 4 osobe

450 g/1 lb tofua, narezanog
45 ml/3 žlice soja umaka
45 ml/3 žlice ulja od kikirikija
svježi crni papar

Stavite tofu u nekoliko kriški u cjedilo i uronite u kipuću vodu na 40 sekundi, zatim ga ocijedite i stavite na tanjur za posluživanje. Neka se ohladi. Pomiješajte soja umak i ulje, pospite po tofuu i poslužite s paprom.

slanina piletina

za 4 osobe

225 g piletine, narezane na vrlo tanke kriške
75 ml/5 žlica soja umaka
15 ml / 1 žlica rižinog vina ili suhog šerija
1 češanj češnjaka, zgnječen
15 ml / 1 žlica smeđeg šećera
5 ml/1 žličica soli
5 ml/1 žličica nasjeckanog korijena đumbira
8 oz/225 g nemasne slanine, narezane na kockice
100 g vodenog kestena, vrlo tanko narezanog
30ml/2 žlice meda

Stavite piletinu u zdjelu. Pomiješajte 45 ml/3 žlice sojinog umaka s vinom ili šerijem, češnjakom, šećerom, soli i đumbirom, prelijte preko piletine i marinirajte oko 3 sata. Na ražnjiće za ćevape nanizati piletinu, slaninu i kestene. Preostali sojin umak pomiješajte s medom i njime premažite ražnjiće. Pecite (pecite) na vrućem roštilju dok ne bude pečeno, oko 10 minuta, često okrećući i premazujući s više nadjeva dok se kuha.

Piletina i pržena banana

za 4 osobe

2 kuhana pileća prsa
2 tvrde banane
6 kriški kruha
4 jaja
120 ml/4 fl oz/¬Ω stakleno mlijeko
50 g/2 oz/¬Ω šalica glatkog brašna (višenamjenskog)
225 g/8 oz/4 šalice svježih krušnih mrvica
Ulje za prženje

Piletinu narežite na 24 komada. Banane ogulite i uzdužno narežite na četvrtine. Svaku četvrtinu podijelite na trećine da dobijete 24 komada. Kruhu skinite koru i narežite ga na četvrtine. Umutite jaja i mlijeko i premažite jednu stranu kruha. Stavite komad piletine i komad banane na stranu koju ste premazali jajetom na svaki komad kruha. Lagano udubite kvadrate u brašno, zatim premažite jajetom i krušnim mrvicama. Ponovno ga umočite u jaje i prezle. Zagrijte ulje i pržite nekoliko kvadratića dok ne porumene. Prije posluživanja ocijedite na upijajućem papiru.

Piletina s đumbirom i gljivama

za 4 osobe

225g/8oz fileta pilećih prsa
5 ml/1 žličica pet začina u prahu
15 ml/1 žlica pšeničnog brašna (višenamjenskog)
120 ml/4 fl oz/¬Ω šalice ulja od kikirikija
4 ljutike, prepolovljene
1 režanj češnjaka, narezan na ploške
1 kriška nasjeckanog korijena đumbira
25 g/1 oz/¬šalica indijskih oraščića
5 ml/1 žličica meda
15 ml / 1 žlica rižinog brašna
75 ml/5 žlica rižinog vina ili suhog šerija
100 g šampinjona narezanih na četvrtine
2,5 ml/¬Ω c. kurkuma
6 žutih paprika prepolovljenih
5 ml/1 žličica soja umaka
¬Ω sok od limuna
sol i papar
4 lista hrskave zelene salate

Pileća prsa narežite dijagonalno na tanke trakice. Pospite prahom od pet začina i lagano pobrašnite. Zagrijte 15 ml/1 žlicu ulja i pirjajte piletinu dok ne porumeni. Izvadite iz tave. Zagrijte malo maslinovog ulja i pirjajte ljutiku, češnjak, đumbir i indijske oraščiće 1 minutu. Dodajte med i miješajte dok se povrće ne prekrije. Pospite brašnom i pomiješajte s vinom ili šerijem. Dodajte gljive, šafran i papriku te kuhajte 1 minutu. Dodajte piletinu, sojin umak, pola limunova soka, sol i papar te zagrijte. Izvadite iz tave i držite na toplom. Zagrijte još malo maslinovog ulja, dodajte listove zelene salate i brzo propirjajte, posolite, popaprite i dodajte preostali sok od limuna. Na zagrijani tanjur složite listove zelene salate, po njima rasporedite meso i povrće i poslužite.

piletina i šunka

za 4 osobe

225 g piletine, narezane na vrlo tanke kriške
75 ml/5 žlica soja umaka
15 ml / 1 žlica rižinog vina ili suhog šerija
15 ml / 1 žlica smeđeg šećera
5 ml/1 žličica nasjeckanog korijena đumbira
1 češanj češnjaka, zgnječen
225 g kuhane šunke, narezane na kockice
30ml/2 žlice meda

Stavite piletinu u zdjelu napunjenu s 45 ml/3 žlice soja umaka, vinom ili šerijem, šećerom, đumbirom i češnjakom. Ostavite da se marinira 3 sata. Piletinu i šunku nanizati na ražnjiće za ćevape. Preostali sojin umak pomiješajte s medom i njime premažite ražnjiće. Pecite na vrućem roštilju oko 10 minuta, često okrećući i premažući glazurom dok se peče.

Pileća jetrica na žaru

za 4 osobe

450 g / 1 lb pileće jetre

45 ml/3 žlice soja umaka

15 ml / 1 žlica rižinog vina ili suhog šerija

15 ml / 1 žlica smeđeg šećera

5 ml/1 žličica soli

5 ml/1 žličica nasjeckanog korijena đumbira

1 češanj češnjaka, zgnječen

Pileća jetrica kuhajte 2 minute u kipućoj vodi i temeljito ocijedite. Stavite sve preostale sastojke osim maslinovog ulja u zdjelu i ostavite da se mariniraju oko 3 sata. Pileća jetrica nanizati na ražnjiće za ćevape i pržiti na zagrijanom roštilju dok ne porumene, oko 8 minuta.

Kuglice od rakova od vodenog kestena

za 4 osobe

450 g/lb mljevenog mesa rakova

100 g vodenog kestena nasjeckanog

1 češanj češnjaka, zgnječen

1 cm/¬Ω narezanog korijena đumbira, nasjeckanog

45 ml / 3 žlice kukuruznog brašna (kukuruzni škrob)

30 ml/2 žlice soja umaka

15 ml / 1 žlica rižinog vina ili suhog šerija

5 ml/1 žličica soli

5 ml/1 žličica šećera

3 jaja, istučena

Ulje za prženje

Pomiješajte sve sastojke osim ulja i oblikujte kuglice. Zagrijte ulje i pržite pogačice od rakova dok ne porumene. Dobro ocijedite prije posluživanja.

dim sum

za 4 osobe

100 g oguljenih škampa, nasjeckanih

225g/8oz nemasne svinjetine, sitno nasjeckane

50 g sitno nasjeckanog kineskog kupusa

3 glavice luka (vlasac), nasjeckane

1 jaje, tučeno

30 ml/2 žlice kukuruznog škroba (kukuruzni škrob)

10 ml/2 žličice sojinog umaka

5 ml/1 žličica sezamovog ulja

5 ml/1 žličica umaka od kamenica

24 wonton kože

Ulje za prženje

Pomiješajte škampe, svinjetinu, kupus i mladi luk. Dodajte jaje, kukuruzni škrob, sojin umak, sezamovo ulje i umak od kamenica. Stavite žlice smjese u sredinu svake wonton kore. Nježno pritisnite omote oko nadjeva, spojite rubove, ali ostavite otvorene vrhove. Zagrijte ulje i pržite dimljenice, jednu po jednu, dok ne porumene. Dobro ocijedite i poslužite vruće.

Rolice od šunke i piletine

za 4 osobe

2 pileća prsa

1 češanj češnjaka, zgnječen

2,5 ml/¬Ω cc soli

2,5 ml/¬Ω c. pet začina u prahu

4 kriške kuhane šunke

1 jaje, tučeno

30ml/2 žlice mlijeka

1 oz/¬šalica/25 g glatkog brašna (višenamjenskog)

4 kore proljetne rolade

Ulje za prženje

Pileća prsa prerežite na pola. Samljeti dok bude vrlo fino. Pomiješajte češnjak, sol i pet začina u prahu i pospite preko piletine. Na svaki komad piletine staviti krišku šunke i čvrsto zarolati. Pomiješajte jaje i mlijeko. Lagano udubite komade piletine u brašno i umočite ih u smjesu od jaja. Svaki dio stavite na tepsiju i rubove premažite razmućenim jajetom. Presavijte i zarolajte stranice, stisnite rubove kako biste ih zatvorili. Zagrijte ulje i pržite rolice dok ne porumene oko 5 minuta.

smeđa i dobro izrađena. Ocijedite na papirnatim ručnicima i narežite na deblje dijagonalne ploške za posluživanje.

Pečene pite od šunke

za 4 osobe

350 g/12 oz/3 šalice glatkog brašna (višenamjensko)
6 oz/¬œ šalice/175 g maslaca
120 ml/4 fl oz/¬Ω čaša vode
225 g šunke narezane na kockice
100g/4oz nasjeckanih izdanaka bambusa
2 glavice luka (vlasac), nasjeckane
15 ml/1 žlica sojinog umaka
30ml/2 žlice sjemenki sezama

Stavite brašno u zdjelu i natrljajte ga maslacem. Pomiješajte vodu da dobijete pastu. Tijesto razvaljajte i izrežite na krugove 5cm/2. Pomiješajte sve preostale sastojke osim sjemenki sezama i žlicom stavljajte u svaki krug. Rubove tijesta premažite vodom i čvrsto zatvorite. Izvana premažite vodom i pospite sezamom. Pecite u prethodno zagrijanoj pećnici na 180°C/350°F/termostat 4 30 minuta.

Takozvana dimljena riba

za 4 osobe

1 brancin

3 kriške korijena đumbira, narezanog na ploške

1 češanj češnjaka, zgnječen

1 vlasac (zeleni luk), narezan na deblje ploške

75 ml/5 žlica soja umaka

30 ml/2 žlice rižinog vina ili suhog šerija

2,5 ml/¬Ω c. mljeveni anis

2,5 ml/¬Ω c. sezamovo ulje

10 ml/2 žličice šećera

120 ml/4 fl oz/¬Ω šalice juhe

Ulje za prženje

5 ml/1 žličica kukuruznog škroba (kukuruzni škrob)

Ribu obrubite i narežite naspram vlakana na ploške od 5 mm. Pomiješajte đumbir, češnjak, vlasac, 60 ml/4 žlice soja umaka, šeri, anis i sezamovo ulje. Prelijte preko ribe i lagano promiješajte. Ostavite da odstoji 2 sata uz povremeno okretanje.

Ulijte marinadu u posudu i osušite ribu na papirnatim ručnicima. Dodajte šećer, juhu i preostali soja umak.

marinirati, prokuhati i kuhati 1 minutu. Ako trebate zgusnuti umak, kukuruzni škrob pomiješajte s malo hladne vode, dodajte u umak i kuhajte uz miješanje dok se umak ne zgusne.

U međuvremenu zagrijte ulje i pržite ribu dok ne porumeni. Temeljito osušite. Komade ribe namočite u marinadu i stavite na zagrijani tanjur. Poslužite toplo ili hladno.

punjene gljive

za 4 osobe

12 velikih suhih klobuka gljiva

225 g/8 oz mesa rakova

3 nasjeckana vodena kestena

2 mlada luka (vlasac), sitno nasjeckana

1 bjelanjak

15 ml/1 žlica kukuruznog škroba (kukuruzni škrob)

15 ml/1 žlica sojinog umaka

15 ml / 1 žlica rižinog vina ili suhog šerija

Namočite gljive u toploj vodi preko noći. Iscijedite da se osuši. Ostale sastojke sjediniti i koristiti za punjenje klobuka gljiva. Stavite na parnu rešetku i kuhajte 40 minuta. Poslužite vruće.

Gljive s umakom od kamenica

za 4 osobe

10 suhih kineskih gljiva
250 ml/8 oz/1 šalica goveđe juhe
15 ml/1 žlica kukuruznog škroba (kukuruzni škrob)
30 ml/2 žlice umaka od kamenica
5 ml/1 žličica rižinog vina ili suhog šerija

Namočite gljive u toploj vodi 30 minuta, zatim ih ocijedite, ostavljajući 1 šalicu/250 ml tekućine za namakanje. Bacite peteljke. Pomiješajte 60 ml/4 žlice goveđe juhe s kukuruznim brašnom da napravite pastu. Zakuhajte preostalu juhu s gljivama i temeljcem od gljiva, poklopite i kuhajte 20 minuta. Gljive izvadite iz tekućine šupljikavom žlicom i stavite ih na topli tanjur. Dodajte umak od kamenica i sherry u tavu i kuhajte, miješajući, 2 minute. Dodajte kašu od kukuruznog škroba i kuhajte uz miješanje dok se umak ne zgusne. Prelijte preko gljiva i odmah poslužite.

Rolice od svinjetine i zelene salate

za 4 osobe

4 sušene kineske gljive

15 ml/1 žlica ulja od kikirikija

8 oz/225 g nemasne svinjetine, narezane na kockice

100g/4oz nasjeckanih izdanaka bambusa

100 g vodenog kestena nasjeckanog

4 glavice luka (vlasca), nasjeckane

6 oz/175 g mrvljenog mesa rakova

30 ml/2 žlice rižinog vina ili suhog šerija

15 ml/1 žlica sojinog umaka

10 ml/2 žličice umaka od kamenica

10 ml/2 žličice sezamovog ulja

9 kineskih listova

Gljive namočite u toploj vodi 30 minuta, a zatim ocijedite. Odbacite peteljke i odrežite vrhove. Zagrijte ulje i pirjajte svinjetinu 5 minuta. Dodajte gljive, mladice bambusa, vodene kestene, mladi luk i meso rakova te pirjajte 2 minute. Pomiješajte vino ili šeri, sojin umak, umak od kamenica i sezamovo ulje i promiješajte u tavi. Maknite s vatre. U međuvremenu kuhajte kinesko lišće u kipućoj vodi 1 minutu, a zatim pražnjenje. U sredinu svakog lista stavite žlicu svinjske smjese, preklopite sa strane i zarolajte za posluživanje.

Pljeskavice od svinjetine i kestena

za 4 osobe

450 g / 1 lb mljevene svinjetine (mljevene)

2 oz/50 g gljiva, sitno nasjeckanih

50 g vodenog kestena, sitno nasjeckanog

1 češanj češnjaka, zgnječen

1 jaje, tučeno

30 ml/2 žlice soja umaka

15 ml / 1 žlica rižinog vina ili suhog šerija

5 ml/1 žličica nasjeckanog korijena đumbira

5 ml/1 žličica šećera

sol

30 ml/2 žlice kukuruznog škroba (kukuruzni škrob)

Ulje za prženje

Pomiješajte sve sastojke osim kukuruznog škroba i razvaljajte smjesu u male loptice. Uvaljati u kukuruzni škrob. Zagrijte ulje i pržite mesne okruglice dok ne porumene oko 10 minuta. Dobro ocijedite prije posluživanja.

Svinjske okruglice

za 4-6

450g/1lb glatkog brašna (višenamjenskog)
500ml/17oz/2 čaše vode
450 g/lb kuhane svinjetine, mljevene
8 oz/225 g oguljenih škampa, nasjeckanih
4 nasjeckane stabljike celera
15 ml/1 žlica sojinog umaka
15 ml / 1 žlica rižinog vina ili suhog šerija
15 ml/1 žlica sezamovog ulja
5 ml/1 žličica soli
2 mlada luka (vlasac), sitno nasjeckana
2 češnja češnjaka, zgnječena
1 kriška nasjeckanog korijena đumbira

Pomiješajte brašno i vodu i dobro mijesite dok ne dobijete mekano tijesto. Pokrijte ga i ostavite da odstoji 10 minuta. Tijesto razvaljajte što tanje i izrežite krugove 5cm/2. Pomiješajte sve preostale sastojke. U svaki krug sipati žlicu smjese, navlažiti rubove i zatvoriti u polukrug. Zakuhajte vodu u loncu i polako spuštajte mesne okruglice u vodu.

Svinjske i goveđe pljeskavice

za 4 osobe

100g/4oz mljevene svinjetine (mljevene)
100g/4oz mljevene junetine (narezane na kockice)
1 šnita nasjeckane slanine (mljevena)
15 ml/1 žlica sojinog umaka
sol i papar
1 jaje, tučeno
30 ml/2 žlice kukuruznog škroba (kukuruzni škrob)
Ulje za prženje

Dodajte mljevenu junetinu i slaninu te začinite solju i paprom. Povežite ga jajima, oblikujte kuglice veličine oraha i posipajte ih kukuruznim škrobom. Zagrijte ulje i pržite dok ne porumene. Dobro ocijedite prije posluživanja.

leptir škampi

za 4 osobe

450 g oguljenih velikih škampa
15 ml/1 žlica sojinog umaka
5 ml/1 žličica rižinog vina ili suhog šerija
5 ml/1 žličica nasjeckanog korijena đumbira
2,5 ml/¬Ω cc soli
2 jaja, istučena
30 ml/2 žlice kukuruznog škroba (kukuruzni škrob)
15 ml/1 žlica pšeničnog brašna (višenamjenskog)
Ulje za prženje

Prerežite škampe sa stražnje strane na pola i otvorite ih tako da oblikujete leptira. Pomiješajte soja umak, vino ili šeri, đumbir i sol. Prelijte preko škampa i ostavite da se marinira 30 minuta. Izvadite iz marinade i osušite. Tucite jaje s kukuruznim škrobom i brašnom dok ne dobijete konzistenciju paste i umočite škampe u tu smjesu. Zagrijte ulje i pržite škampe dok ne porumene. Dobro ocijedite prije posluživanja.

kineski škampi

za 4 osobe

450 g škampa s ljuskom
30 ml/2 žlice Worcestershire umaka
15 ml/1 žlica sojinog umaka
15 ml / 1 žlica rižinog vina ili suhog šerija
15 ml / 1 žlica smeđeg šećera

Stavite škampe u zdjelu. Pomiješajte preostale sastojke, prelijte preko škampi i ostavite da se mariniraju 30 minuta. Prebacite u kalup za kruh i pecite u prethodno zagrijanoj pećnici na 150°C/300°F/termostat 2 25 minuta. Poslužite vruće ili hladno u školjkama kako bi kupci mogli sami napraviti.

krekeri od škampa

za 4 osobe

100g/4oz krekera od račića
Ulje za prženje

Zagrijte ulje dok se jako ne zagrije. Dodajte krekere od kozica, šaku po šaku, i pržite nekoliko sekundi dok ne nabubre. Nastavljajući pržiti kolačiće, izvadite ih iz ulja i ocijedite na papirnatim ručnicima.

Hrskavi škampi

za 4 osobe

450 g tigrastih račića bez ljuske

15 ml / 1 žlica rižinog vina ili suhog šerija

10 ml/2 žličice sojinog umaka

5 ml/1 žličica pet začina u prahu

sol i papar

90 ml/6 žlica kukuruznog brašna (kukuruzni škrob)

2 jaja, istučena

100g/4oz krušnih mrvica

ulje od kikirikija za prženje

Račiće prelijte vinom ili šerijem, soja umakom i prahom od pet začina te začinite solju i paprom. Premažite ih kukuruznim škrobom pa premažite razmućenim jajetom i prezlama. Pržite na vrućem ulju nekoliko minuta dok lagano ne porumene, ocijedite i odmah poslužite.

Škampi s umakom od đumbira

za 4 osobe

15 ml/1 žlica sojinog umaka
5 ml/1 žličica rižinog vina ili suhog šerija
5 ml/1 žličica sezamovog ulja
450 g oguljenih škampa
30 ml/2 žlice nasjeckanog svježeg peršina
15 ml / 1 žlica vinskog octa
5 ml/1 žličica nasjeckanog korijena đumbira

Pomiješajte sojin umak, vino ili šeri i sezamovo ulje. Prelijte preko škampa, poklopite i ostavite da se marinira 30 minuta. Pecite škampe na roštilju nekoliko minuta dok se ne ispeku i premažite ih marinadom. U međuvremenu za posluživanje sa škampima pomiješajte peršin, vinski ocat i đumbir.

Rolice od škampa i tjestenine

za 4 osobe

50 g rezanaca od jaja, razlomljenih na komade
15 ml/1 žlica ulja od kikirikija
50g/2oz nemasne svinjetine, sitno nasjeckane
100g/4oz nasjeckanih gljiva
3 glavice luka (vlasac), nasjeckane
100 g oguljenih škampa, nasjeckanih
15 ml / 1 žlica rižinog vina ili suhog šerija
sol i papar
24 wonton kože
1 jaje, tučeno
Ulje za prženje

Tjesteninu kuhajte u kipućoj vodi 5 minuta, ocijedite i nasjeckajte. Zagrijte ulje i pirjajte svinjetinu 4 minute. Dodajte gljive i luk, pirjajte 2 minute i maknite sa štednjaka. Pomiješajte škampe, vino ili sherry s tjesteninom i začinite solju i paprom. U sredinu svakog wontona stavite žlicu smjese, a rubove premažite razmućenim jajetom. Savijte rubove i zarolajte omote kako biste zatvorili rubove. Zagrijte ulje i ispecite rolnice nekoliko po nekoliko dok ne porumene, oko 5 minuta. Prije posluživanja ocijedite na upijajućem papiru.

Tost sa škampima

za 4 osobe

2 jaja 450 g nasjeckanih oljuštenih škampa
15 ml/1 žlica kukuruznog škroba (kukuruzni škrob)
1 glavica luka sitno nasjeckana
30 ml/2 žlice soja umaka
15 ml / 1 žlica rižinog vina ili suhog šerija
5 ml/1 žličica soli
5 ml/1 žličica nasjeckanog korijena đumbira
8 kriški kruha, izrezanih na trokute
Ulje za prženje

Pomiješajte 1 jaje sa svim preostalim sastojcima osim kruha i ulja. Smjesu prelijte preko trokuta kruha i oblikujte kupolu. Preostalo jaje premažite odozgo. Zagrijte oko 5 cm ulja i pržite trokutiće kruha dok ne porumene. Dobro ocijedite prije posluživanja.

Okruglice od svinjetine i škampa sa slatko-kiselim umakom

za 4 osobe

120 ml/4 fl oz/¬Ω čaša vode

60 ml/4 žlice vinskog octa

60 ml/4 žlice smeđeg šećera

30 ml/2 žlice pirea od rajčice (pasta)

10ml/2 žličice kukuruznog škroba (kukuruzni škrob)

25g/1oz gljiva, nasjeckanih

25g/1oz škampa s ljuskom, nasjeckanog

50 g nemasne svinjetine, mljevene

2 glavice luka (vlasac), nasjeckane

5 ml/1 žličica soja umaka

2,5 ml/¬Ω c. ribani korijen đumbira

1 češanj češnjaka, zgnječen

24 wonton kože

Ulje za prženje

U malom loncu pomiješajte vodu, vinski ocat, šećer, pire od rajčice i kukuruzni škrob. Zakuhajte uz stalno miješanje i kuhajte 1 minutu. Maknite s vatre i držite na toplom.

Pomiješajte gljive, škampe, svinjetinu, zeleni luk, soja umak, đumbir i češnjak. Na svaku koru stavite žlicu nadjeva, rubove premažite vodom i pritisnite da se zapeku. Zagrijte ulje i pecite jedan po jedan wonton dok ne porumene. Ocijedite na papirnatim ubrusima i poslužite vruće sa slatko-kiselim umakom.

pileća juha

Čini 2 litre/3½ qts/8½ šalica

2 lbs/1,5 kg kuhanih ili sirovih pilećih kostiju

450 g / 1 funta svinjskih kostiju

1 cm / ½ komada korijena đumbira

3 zelena luka (majka), narezana na ploške

1 češanj češnjaka, zgnječen

5 ml/1 žličica soli

2,25 litara/4 qts/10 čaša vode

Sve sastojke zakuhajte, poklopite i kuhajte 15 minuta. Uklonite eventualno ulje. Poklopite i kuhajte 1 1/2 sat. Filtrirajte, ohladite i ocijedite. Male količine zamrznite ili čuvajte u hladnjaku i potrošite unutar 2 dana.

Klice graha i svinjska juha

za 4 osobe

450 g / 1 lb nasjeckane svinjetine

2½ qt./6 šalica/1,5 l pileće juhe

5 kriški korijena đumbira

350g/12oz klica graha

15 ml/1 žlica soli

Svinjetina se kuha u kipućoj vodi 10 minuta, zatim se ocijedi. Zakuhajte juhu i dodajte svinjetinu i đumbir. Zatvorite poklopac i kuhajte 50 minuta. Dodajte klice graha i sol te kuhajte 20 minuta.

Juha od abalona i gljiva

za 4 osobe

60 ml/4 žlice ulja od kikirikija

100 g nemasne svinjetine narezane na trakice

8 oz/225 g konzerviranog morskog uha, narezanog na trakice

100 g šampinjona narezanih na ploške

2 stabljike celera, narezane na ploške

50 g šunke narezane na trakice

2 luka, narezana na ploške

2½ boda/6 čaša/1,5 l vode

30 ml/2 žlice vinskog octa

45 ml/3 žlice soja umaka

2 kriške nasjeckanog korijena đumbira

sol i svježe mljeveni crni papar

15 ml/1 žlica kukuruznog škroba (kukuruzni škrob)

45 ml/3 žlice vode

Zagrijte ulje i pirjajte svinjetinu, abalone, gljive, celer, šunku i luk 8 minuta. Dodajte vodu i vinski ocat, zakuhajte, poklopite i kuhajte 20 minuta. Dodajte soja umak, đumbir, sol i papar. Pomiješajte kukuruzni škrob u pastu

U juhu umiješajte vodu i kuhajte uz miješanje 5 minuta dok juha ne posvijetli i ne zgusne se.

Juha od piletine i šparoga

za 4 osobe

100g/4oz piletine, mljevene

2 bjelanjka

2,5 ml/½ žličice soli

30 ml/2 žlice kukuruznog škroba (kukuruzni škrob)

225 g šparoga, narezanih na komade od 5 cm

100g/4oz klica graha

2½ qt./6 šalica/1,5 l pileće juhe

100 g šampinjona

Piletinu pomiješajte s bjelanjcima, soli i kukuruznim škrobom te ostavite da odstoji 30 minuta. Kuhajte piletinu u kipućoj vodi oko 10 minuta dok se potpuno ne skuha i ocijedite. Šparoge kuhajte 2 minute u kipućoj vodi i ocijedite. Klice graha kuhajte u kipućoj vodi 3 minute i ocijedite. U veliki lonac ulijte juhu i dodajte piletinu, šparoge, gljive i klice graha. Prokuhajte i posolite. Kuhajte nekoliko minuta da se okusi razviju i dok povrće ne omekša, ali ostane hrskavo.

mesna juha

za 4 osobe

225g/8oz mljevene junetine (mljevena junetina)
15 ml/1 žlica sojinog umaka
15 ml / 1 žlica rižinog vina ili suhog šerija
15 ml/1 žlica kukuruznog škroba (kukuruzni škrob)
2 qts/5 šalica/1,2 l pileće juhe
5 ml/1 žličica čili umaka
sol i papar
2 jaja, istučena
6 glavica luka (vlasac), nasjeckanih

Prelijte meso soja umakom, vinom ili šerijem i kukuruznim škrobom. Dodajte u juhu i lagano kuhajte uz miješanje. Dodajte umak od crvenog graha i začinite solju i paprom, poklopite i kuhajte uz povremeno miješanje oko 10 minuta. Izmiksajte jaja i poslužite s vlascem posutim po vrhu.

Kineska juha od govedine i lišća

za 4 osobe

200g/7oz nemasne govedine, narezane na trakice
15 ml/1 žlica sojinog umaka
15 ml/1 žlica ulja od kikirikija
2½ qt./6 šalica/1,5 l juhe
5 ml/1 žličica soli
2,5 ml/½ žličice šećera
Kineski listovi izrezani na ½ glavice

Meso pomiješajte sa soja umakom i uljem te ostavite da se marinira 30 minuta uz povremeno miješanje. Prokuhajte juhu sa soli i šećerom, dodajte kinesko lišće i kuhajte dok ne bude gotovo 10 minuta. Dodajte meso i kuhajte još 5 minuta.

Juha od kupusa

za 4 osobe

60 ml/4 žlice ulja od kikirikija
2 kosana luka
100 g nemasne svinjetine narezane na trakice
8 oz/225 g bok choya, nasjeckanog
10 ml/2 žličice šećera
2 qts/5 šalica/1,2 l pileće juhe
45 ml/3 žlice soja umaka
sol i papar
15 ml/1 žlica kukuruznog škroba (kukuruzni škrob)

Zagrijte ulje i pirjajte luk i svinjetinu dok lagano ne porumene. Dodajte kupus i šećer i pirjajte 5 minuta. Dodajte juhu i sojin umak te začinite solju i paprom. Zakuhajte, poklopite i kuhajte 20 minuta. Kukuruzni škrob pomiješajte s malo vode, dodajte u juhu i kuhajte uz miješanje dok se juha ne zgusne i posvijetli.

Začinjena mesna juha

za 4 osobe

45 ml/3 žlice ulja od kikirikija
1 češanj češnjaka, zgnječen
5 ml/1 žličica soli
225g/8oz mljevene junetine (mljevena junetina)
6 mladog luka (zeleni luk), narezanog na trakice
1 crvena paprika, narezana na trakice
1 zelena paprika, narezana na trakice
225 g nasjeckanog kupusa
1¾ šalice/1 l/4¼ šalice juhe
30 ml/2 žlice umaka od šljiva
30 ml/2 žlice hoisin umaka
45 ml/3 žlice soja umaka
2 komada stabljike đumbira, nasjeckane
2 jaja
5 ml/1 žličica sezamovog ulja
225 g/8 oz čistih rezanaca, namočenih

Zagrijte maslinovo ulje i pirjajte češnjak i sol dok lagano ne porumene. Dodajte meso i brzo popržite. Dodajte povrće i pirjajte dok ne bude prozirno. Dodajte juhu, umak od šljiva, umak od grožđica, 2/30 ml

Zakuhajte žlice soja umaka i đumbira i kuhajte 10 minuta. Umutite jaja sa sezamovim uljem i preostalim soja umakom. Dodajte u juhu s rezancima i kuhajte uz miješanje dok jaja ne omekšaju, a rezanci omekšaju.

rajska juha

za 4 osobe

2 glavice luka (vlasac), nasjeckane

1 češanj češnjaka, zgnječen

30 ml/2 žlice nasjeckanog svježeg peršina

5 ml/1 žličica soli

15 ml/1 žlica ulja od kikirikija

30 ml/2 žlice soja umaka

2½ boda/6 čaša/1,5 l vode

Pomiješajte vlasac, češnjak, peršin, sol, ulje i soja umak. Zakuhajte vodu, prelijte smjesu vlasca i ostavite 3 minute.

Juha od piletine i izdanaka bambusa

za 4 osobe

2 pileće nogice
30 ml/2 žlice ulja od kikirikija
5 ml/1 žličica rižinog vina ili suhog šerija
2½ qt./6 šalica/1,5 l pileće juhe
3 vlasca, narezana na ploške
100g/4oz mladica bambusa, izrezanih na komade
5 ml/1 žličica nasjeckanog korijena đumbira
sol

Piletini izvadite kosti, a meso narežite na komade. Zagrijte ulje i pržite piletinu dok se ne zapeče sa svih strana. Dodajte juhu, mladi luk, izdanke bambusa i đumbir, zakuhajte i kuhajte dok piletina ne omekša, oko 20 minuta. Prije posluživanja posolite.

Juha od piletine i kukuruza

za 4 osobe

1¾ šalice/1 l/4¼ šalice pileće juhe
100g/4oz piletine, nasjeckane
200 g / 7 oz slatkog kukuruza u kremi
kriške šunke, nasjeckane
kajgana
15 ml / 1 žlica rižinog vina ili suhog šerija

Zakuhajte juhu i piletinu, poklopite i kuhajte 15 minuta. Dodajte kukuruz i šunku, poklopite i kuhajte 5 minuta. Dodajte jaja i sherry, lagano miješajući štapićem tako da jaja oblikuju vrpce. Prije posluživanja maknite s vatre, poklopite i ostavite da odstoji 3 minute.

Juha od piletine i đumbira

za 4 osobe

4 sušene kineske gljive
2½ boda/6 šalica/1,5 l vode ili pileće juhe
225 g pilećeg mesa, narezanog na kocke
10 kriški korijena đumbira
5 ml/1 žličica rižinog vina ili suhog šerija
sol

Gljive namočite u toploj vodi 30 minuta, a zatim ocijedite. Bacite peteljke. Zakuhajte vodu ili juhu s preostalim sastojcima i kuhajte na laganoj vatri dok se piletina ne skuha, oko 20 minuta.

Kineska pileća juha s gljivama

za 4 osobe

25 g/1 oz sušenih kineskih gljiva
100g/4oz piletine, mljevene
50 g mladica bambusa, nasjeckanih
30 ml/2 žlice soja umaka
30 ml/2 žlice rižinog vina ili suhog šerija
2 qts/5 šalica/1,2 l pileće juhe

Gljive namočite u toploj vodi 30 minuta, a zatim ocijedite. Bacite peteljke i odrežite vrhove. Gljive, piletinu i mladice bambusa kuhajte u kipućoj vodi 30 sekundi i ocijedite. Stavite ih u zdjelu i pomiješajte sa soja umakom, vinom ili šerijem. Ostavite da se marinira 1 sat. Zakuhajte juhu, dodajte smjesu s piletinom i marinirajte. Dobro promiješajte i kuhajte nekoliko minuta dok piletina ne bude pečena.

Juha od piletine i riže

za 4 osobe

1¾ šalice/1 l/4¼ šalice pileće juhe

225 g/8 oz/1 šalica kuhane riže dugog zrna

100g/4oz kuhane piletine, narezane na trakice

1 glavica luka, narezana na četvrtine

5 ml/1 žličica soja umaka

Ne dopuštajući da juha zakuha, polako zagrijavajte sve sastojke dok ne budu vrući.

Juha od piletine i kokosa

za 4 osobe

350g/12oz pilećih prsa

sol

10ml/2 žličice kukuruznog škroba (kukuruzni škrob)

30 ml/2 žlice ulja od kikirikija

1 zelena paprika, nasjeckana

1¾ pt./4¼ šalice kokosovog mlijeka

5 ml/1 žličica limunove korice

12 ličija

prstohvat ribanog kokosa

sol i svježe mljeveni crni papar

2 lista matičnjaka

Pileća prsa narežite dijagonalno na trakice. Pospite solju i premažite kukuruznim škrobom. Zagrijte 2 žličice/10 ml ulja u woku, promiješajte i ulijte. Ponovi još jednom. Zagrijte preostalo ulje i pirjajte piletinu i papriku 1 minutu. Dodajte kokosovo mlijeko i prokuhajte. Dodajte limunovu koricu i kuhajte 5 minuta. Dodajte liči, začinite muškatnim oraščićem, solju i paprom i poslužite ukrašeno matičnjakom.

gusta juha od školjaka

za 4 osobe

2 sušene kineske gljive
12 školjki, namočenih i očišćenih
2½ qt./6 šalica/1,5 l pileće juhe
50 g mladica bambusa, nasjeckanih
2 oz/50 g graška, prepolovljenog
2 zelena luka (majka), narezana na ploške
15 ml / 1 žlica rižinog vina ili suhog šerija
prstohvat svježe mljevenog papra

Gljive namočite u toploj vodi 30 minuta, a zatim ocijedite. Odbacite peteljke i prepolovite vrhove. Kuhajte školjke dok se ne otvore, oko 5 minuta; Sve neotvorene bacite. Izvadite kamenice iz ljuski. Zakuhajte juhu i dodajte gljive, mladice bambusa, bosiljak i vlasac. Kuhajte s otvorenim poklopcem 2 minute. Dodajte kamenice, vino ili šeri i popaprite i kuhajte dok se ne zagrije.

juha od jaja

za 4 osobe

2 qts/5 šalica/1,2 l pileće juhe

3 jaja, istučena

45 ml/3 žlice soja umaka

sol i svježe mljeveni crni papar

4 glavice mladog luka, narezane na ploške

Zakuhajte juhu. Postupno dodajte razmućena jaja i miješajte tako da se razdvoje u niti. Umiješajte soja umak i začinite solju i paprom. Poslužite ukrašeno vlascem.

Juha od rakova i jakobovih kapica

za 4 osobe

4 sušene kineske gljive
15 ml/1 žlica ulja od kikirikija
1 jaje, tučeno
2½ qt./6 šalica/1,5 l pileće juhe
6 oz/175 g mrvljenog mesa rakova
100 g oguljenih jakobovih kapica, narezanih na ploške
100 g/4 oz izdanaka bambusa, narezanih
2 glavice luka (vlasac), nasjeckane
1 kriška nasjeckanog korijena đumbira
malo kuhanih škampi bez ljuski (po želji)
45 ml / 3 žlice kukuruznog brašna (kukuruzni škrob)
90 ml/6 žlica vode
30 ml/2 žlice rižinog vina ili suhog šerija
20 ml/4 žličice soja umaka
2 bjelanjka

Gljive namočite u toploj vodi 30 minuta, a zatim ocijedite. Odbacite peteljke, a vrhove narežite na tanke ploške. Zagrijte ulje, dodajte jaje i nagnite tavu da jaje obloži dno. kuhajte dok

Okrenite i pecite drugu stranu. Izvadite ga iz tepsije, zarolajte i narežite na tanke trakice.

Prokuhajte juhu, dodajte gljive, trakice jaja, meso rakova, jakobove kapice, mladice bambusa, zeleni luk, đumbir i po želji škampe. Pustite da opet prokuha. Pomiješajte kukuruzno brašno s 4 žlice/60 ml vode, vinom ili šerijem i sojinim umakom i umiješajte u juhu. Kuhajte uz stalno miješanje dok se juha ne zgusne. Bjelanjke istucite s preostalom vodom i smjesu postupno ulijevajte u juhu uz snažno miješanje.

juha od rakova

za 4 osobe

90 ml/6 žlica ulja od kikirikija

3 kosana luka

225 g/8 oz mesa bijelog i smeđeg raka

1 kriška nasjeckanog korijena đumbira

2 qts/5 šalica/1,2 l pileće juhe

¼pt/150 ml/čaša rižinog vina ili suhog šerija

45 ml/3 žlice soja umaka

sol i svježe mljeveni crni papar

Zagrijte ulje i pirjajte luk dok ne omekša, ali ne smeđi. Dodajte meso rakova i đumbir te pirjajte 5 minuta. Dodajte juhu, vino ili šeri i sojin umak, sol i papar. Pustite da zavrije i zatim kuhajte 5 minuta.

Riblja juha

za 4 osobe

225g/8oz ribljeg fileta
1 kriška nasjeckanog korijena đumbira
15 ml / 1 žlica rižinog vina ili suhog šerija
30 ml/2 žlice ulja od kikirikija
2½ pts/1,5 l/6 šalica riblje juhe

Narežite ribu prema vlaknima na tanke trakice. Pomiješajte đumbir, vino ili sherry s maslinovim uljem, dodajte ribu i lagano promiješajte. Ostavite da se marinira 30 minuta, povremeno okrećite. Zakuhajte juhu, dodajte ribu i kuhajte na laganoj vatri 3 minute.

Juha od ribe i zelene salate

za 4 osobe

225g/8oz filea bijele ribe
30 ml/2 žlice pšeničnog brašna (višenamjenskog)
sol i svježe mljeveni crni papar
90 ml/6 žlica ulja od kikirikija
6 glavica mladog luka, narezanih na ploške
100g/4oz zelene salate, nasjeckane
2 boda/5 čaša/1,2 l vode
10 ml/2 žličice sitno nasjeckanog korijena đumbira
150 ml / ¼ pt / izdašne ½ šalice rižinog vina ili suhog šerija
30 ml/2 žlice kukuruznog škroba (kukuruzni škrob)
30 ml/2 žlice nasjeckanog svježeg peršina
10 ml/2 žličice soka od limuna
30 ml/2 žlice soja umaka

Ribu narežite na tanke trakice i pomiješajte sa začinjenim brašnom. Zagrijte maslinovo ulje i pirjajte mladi luk dok ne omekša. Dodajte krastavac i pirjajte 2 minute. Dodajte ribu i kuhajte 4 minute. Dodajte vodu, đumbir i vino ili šeri, zakuhajte, poklopite i kuhajte 5 minuta. Škrob pomiješajte s malo vode i dodajte u juhu. Kuhajte uz miješanje još 4 minute dok se juha ne zgusne.

Posvijetlite i začinite solju i paprom. Poslužite posuto peršinom, limunovim sokom i soja umakom.

Juha od đumbira s mesnim okruglicama

za 4 osobe

5 cm / 2 komada naribanog korijena đumbira
350 g/12 oz smeđeg šećera
2½ boda/1,5 l/7 čaša vode
225 g/8 oz/2 šalice rižinog brašna
2,5 ml/½ žličice soli
60 ml/4 žlice vode

Đumbir, šećer i vodu stavite u lonac i zagrijavajte uz stalno miješanje. Zatvorite poklopac i kuhajte oko 20 minuta. Juhu procijedite i vratite u lonac.

U međuvremenu stavite brašno i sol u zdjelu i polako umijesite s toliko vode da dobijete gusto tijesto. Razvaljajte male loptice i ubacite ih u juhu. Juhu ponovno zakuhajte, poklopite i kuhajte još 6 minuta dok se polpete ne skuhaju.

ljuta i kisela juha

za 4 osobe

8 suhih kineskih gljiva
1¾ šalice/1 1/4¼ šalice pileće juhe
100g/4oz piletine, narezane na trakice
100g/4oz izdanaka bambusa, narezanih na trakice
100g/4oz tofua, narezanog na trakice
15 ml/1 žlica sojinog umaka
30 ml/2 žlice vinskog octa
30 ml/2 žlice kukuruznog škroba (kukuruzni škrob)
2 jaja, istučena
nekoliko kapi sezamovog ulja

Gljive namočite u toploj vodi 30 minuta, a zatim ocijedite. Odbacite peteljke i narežite vrhove na trakice. Zakuhajte gljive, juhu, piletinu, mladice bambusa i tofu, poklopite i kuhajte 10 minuta. Pomiješajte sojin umak, vinski ocat i kukuruzni škrob u glatku smjesu, umiješajte u juhu i kuhajte 2 minute dok juha ne postane prozirna. Polako dodajte jaja i sezamovo ulje, miješajući štapićem. Zatvorite poklopac i ostavite da odstoji 2 minute prije posluživanja.

Juha od gljiva

za 4 osobe

15 suhih kineskih gljiva
2½ qt./6 šalica/1,5 l pileće juhe
5 ml/1 žličica soli

Gljive namočite u toploj vodi 30 minuta i ocijedite, a tekućinu ostavite. Odbacite peteljke i, ako su velike, prerežite vrhove na pola i stavite u veliku zdjelu otpornu na toplinu. Stavite zdjelu na rešetku u aparatu za kuhanje na pari. Zakuhajte juhu, prelijte gljive, poklopite i kuhajte u kipućoj vodi 1 sat. Posolite i poslužite.

Juha od gljiva i kupusa

za 4 osobe

25 g/1 oz sušenih kineskih gljiva
15 ml/1 žlica ulja od kikirikija
2 oz/50 g kineskog lišća, nasjeckanog
15 ml / 1 žlica rižinog vina ili suhog šerija
15 ml/1 žlica sojinog umaka
2 qts/5 šalica/1,2 l pileće ili povrtne juhe
sol i svježe mljeveni crni papar
5 ml/1 žličica sezamovog ulja

Gljive namočite u toploj vodi 30 minuta, a zatim ocijedite. Bacite peteljke i odrežite vrhove. Zagrijte maslinovo ulje i pirjajte gljive i kinesko lišće 2 minute dok se dobro ne pokriju. Umiješajte vino ili sherry i soja umak, zatim dodajte juhu. Zakuhajte, začinite solju i paprom i kuhajte 5 minuta. Prije posluživanja pokapajte sezamovim uljem.

Juha od jaja od gljiva

za 4 osobe

1¾ šalice/1 l/4¼ šalice pileće juhe

30 ml/2 žlice kukuruznog škroba (kukuruzni škrob)

100 g šampinjona narezanih na ploške

1 ploška luka, sitno nasjeckanog

prstohvat soli

3 kapi sezamovog ulja

2,5 ml/½ žličice soja umaka

1 jaje, tučeno

Pomiješajte malo juhe s kukuruznim škrobom i umiješajte sve sastojke osim jaja. Zakuhajte, poklopite i kuhajte 5 minuta. Dodajte jaje, miješajte štapićem da se jaje oblikuje u trake. Maknite s vatre i ostavite da odstoji 2 minute prije posluživanja.

Juha od gljiva i vodenih kestena

za 4 osobe

1¾ šalice/1 l/4¼ šalice juhe od povrća ili vode
2 glavice luka sitno nasjeckane
5 ml/1 žličica rižinog vina ili suhog šerija
30 ml/2 žlice soja umaka
225 g šampinjona
100 g vodenog kestena, narezanog na ploške
100 g/4 oz izdanaka bambusa, narezanih
nekoliko kapi sezamovog ulja
2 lista zelene salate narezati na komade
2 glavice mladog luka (vlasac), narezane na komade

Zakuhajte vodu, luk, vino ili šeri i sojin umak, poklopite i kuhajte 10 minuta. Dodajte gljive, kestene i izdanke bambusa, poklopite i kuhajte 5 minuta. Dodajte sezamovo ulje, listove zelene salate i mladi luk, maknite s vatre, poklopite i ostavite da odstoji 1 minutu prije posluživanja.

Juha od svinjetine i gljiva

za 4 osobe

60 ml/4 žlice ulja od kikirikija

1 češanj češnjaka, zgnječen

2 luka, narezana na ploške

225 g nemasne svinjetine, narezane na trakice

1 stabljika celera, nasjeckana

50 g gljiva, narezanih na ploške

2 mrkve, narezane na ploške

2 boda/5 šalica/1,2 l juhe

15 ml/1 žlica sojinog umaka

sol i svježe mljeveni crni papar

15 ml/1 žlica kukuruznog škroba (kukuruzni škrob)

Zagrijte maslinovo ulje i pirjajte češnjak, luk i svinjetinu dok luk ne omekša i lagano porumeni. Dodajte celer, gljive i mrkvu, poklopite i kuhajte 10 minuta. Zakuhajte juhu, zatim je dodajte u tavu sa soja umakom i začinite solju i paprom. Kukuruzni škrob pomiješajte s malo vode, ulijte u šerpu i kuhajte uz miješanje oko 5 minuta.

Juha od svinjetine i potočarke

za 4 osobe

2½ qt./6 šalica/1,5 l pileće juhe
100 g nemasne svinjetine narezane na trakice
3 stabljike celera prerezane ukoso
2 zelena luka (majka), narezana na ploške
1 vezica potočarke
5 ml/1 žličica soli

Zakuhajte juhu, dodajte svinjetinu i celer, poklopite i kuhajte 15 minuta. Dodajte mladi luk, potočarku i sol te kuhajte nepoklopljeno oko 4 minute.

Juha od svinjetine i krastavaca

za 4 osobe

100g/4oz nemasne svinjetine, tanko narezane
5 ml/1 žličica kukuruznog škroba (kukuruzni škrob)
15 ml/1 žlica sojinog umaka
15 ml / 1 žlica rižinog vina ili suhog šerija
1 krastavac
2½ qt./6 šalica/1,5 l pileće juhe
5 ml/1 žličica soli

Pomiješajte svinjetinu, kukuruzni škrob, sojin umak i vino ili šeri. Promiješajte da se svinjetina obloži. Krastavac ogulite i prerežite po dužini na pola pa izvadite sjemenke. Debeli rez. Zakuhajte juhu, dodajte svinjetinu, poklopite i kuhajte 10 minuta. Dodajte krastavac i kuhajte nekoliko minuta dok ne postane proziran. Prilagodite sol i po želji dodajte još soja umaka.

Svinjska okruglica i juha s rezancima

za 4 osobe

50g/2oz rižinih rezanaca
225 g/8 oz mljevene svinjetine (na kockice)
5 ml/1 žličica kukuruznog škroba (kukuruzni škrob)
2,5 ml/½ žličice soli
30 ml/2 žlice vode
2½ qt./6 šalica/1,5 l pileće juhe
1 vlasac (zeleni luk), sitno nasjeckan
5 ml/1 žličica soja umaka

Dok pripremate polpete, tjesteninu namočite u hladnu vodu. Pomiješajte svinjetinu, kukuruzni škrob, malo soli i vode i oblikujte kuglice veličine oraha. U loncu zakuhajte vodu, dodajte svinjske okruglice, poklopite i kuhajte 5 minuta. Dobro ocijedite i ocijedite tjesteninu. Zakuhajte juhu, dodajte svinjske okruglice i tjesteninu, poklopite i kuhajte 5 minuta. Dodajte zeleni luk, soja umak i preostalu sol te kuhajte još 2 minute.

Juha od špinata i tofua

za 4 osobe

2 qts/5 šalica/1,2 l pileće juhe

200 g rajčica iz konzerve, ocijeđenih i nasjeckanih

225 g tofua, na kockice

225 g nasjeckanog špinata

30 ml/2 žlice soja umaka

5 ml/1 žličica smeđeg šećera

sol i svježe mljeveni crni papar

Prokuhajte juhu i dodajte rajčice, tofu i špinat te lagano promiješajte. Vratite na vatru i kuhajte 5 minuta. Dodajte soja umak i šećer te začinite solju i paprom. Pustite da prokuha 1 minutu prije posluživanja.

Juha od kukuruza i rakova

za 4 osobe

2 qts/5 šalica/1,2 l pileće juhe
200g/7oz kukuruza šećeraca
sol i svježe mljeveni crni papar
1 jaje, tučeno
7 oz/200 g mesa rakova, izmrvljenog
3 nasjeckane ljutike

Prokuhajte juhu, dodajte kukuruz šećerac i začinite solju i paprom. Prokuhajte 5 minuta. Neposredno prije posluživanja, vilicom nabodite jaja i promiješajte po juhi. Poslužite posuto mesom rakova i nasjeckanom ljutikom.

sečuanska juha

za 4 osobe

4 sušene kineske gljive

2½ qt./6 šalica/1,5 l pileće juhe

75 ml/5 žlica suhog bijelog vina

15 ml/1 žlica sojinog umaka

2,5 ml/½ žličice ljutog umaka

30 ml/2 žlice kukuruznog škroba (kukuruzni škrob)

60 ml/4 žlice vode

100 g nemasne svinjetine narezane na trakice

2 oz/50 g kuhane šunke, narezane na trakice

1 crvena paprika, narezana na trakice

50 g vodenog kestena, narezanog na ploške

10 ml/2 žličice vinskog octa

5 ml/1 žličica sezamovog ulja

1 jaje, tučeno

100 g oguljenih škampa

6 glavica luka (vlasac), nasjeckanih

6 oz/175 g tofua, na kockice

Gljive namočite u toploj vodi 30 minuta, a zatim ocijedite. Bacite peteljke i odrežite vrhove. Donesite juhu, vino, soju

Zakuhajte umak i čili umak, poklopite i kuhajte 5 minuta. Kukuruzni škrob pomiješajte s pola vode i dodajte u juhu, miješajući dok se juha ne zgusne. Dodajte gljive, svinjetinu, šunku, papriku i kestene te kuhajte 5 minuta. Pomiješajte vinski ocat i sezamovo ulje. Umutiti jaje s preostalom vodom i uliti u juhu uz snažno miješanje. Dodajte škampe, mladi luk i tofu i kuhajte nekoliko minuta da se zagriju.

juha od tofua

za 4 osobe

2½ qt./6 šalica/1,5 l pileće juhe

225 g tofua, na kockice

5 ml/1 žličica soli

5 ml/1 žličica soja umaka

Zakuhajte juhu i dodajte tofu, sol i sojin umak. Kuhajte nekoliko minuta dok se tofu ne zagrije.

Tofu i riblja juha

za 4 osobe

225 g filea bijele ribe, isječenog na trakice
150 ml / ¼ pt / izdašne ½ šalice rižinog vina ili suhog šerija
10 ml/2 žličice sitno nasjeckanog korijena đumbira
45 ml/3 žlice soja umaka
2,5 ml/½ žličice soli
60 ml/4 žlice ulja od kikirikija
2 kosana luka
100 g šampinjona narezanih na ploške
2 qts/5 šalica/1,2 l pileće juhe
100g/4oz tofua, narezanog na kockice
sol i svježe mljeveni crni papar

Stavite ribu u zdjelu. Pomiješajte vino ili šeri, đumbir, sojin umak i sol i prelijte ribu. Pustite da se marinira oko 30 minuta. Zagrijte ulje i dinstajte luk 2 minute. Dodajte gljive i nastavite pržiti dok luk ne omekša, ali ne smeđi. Dodajte ribu i marinadu, zakuhajte, poklopite i kuhajte 5 minuta. Dodajte juhu, zakuhajte, poklopite i kuhajte 15 minuta. Dodajte tofu i začinite solju i paprom. Pirjajte dok tofu ne bude kuhan.

Juha od rajčice

za 4 osobe

400 g rajčice iz konzerve, ocijeđene i nasjeckane
2 qts/5 šalica/1,2 l pileće juhe
1 kriška nasjeckanog korijena đumbira
15 ml/1 žlica sojinog umaka
15 ml / 1 žlica čili umaka
10 ml/2 žličice šećera

Sve sastojke stavite u lonac i lagano zagrijavajte uz povremeno miješanje. Pecite oko 10 minuta prije posluživanja.

Juha od rajčice i špinata

za 4 osobe

2 qts/5 šalica/1,2 l pileće juhe
8 oz/225 g konzervirane rajčice narezane na kockice
225 g tofua, na kockice
225 g/8 oz špinata
30 ml/2 žlice soja umaka
sol i svježe mljeveni crni papar
2,5 ml/½ žličice šećera
½ žličice/2,5 ml rižinog vina ili suhog šerija

Zakuhajte juhu, dodajte rajčice, tofu i špinat te kuhajte 2 minute. Dodajte preostale sastojke i kuhajte 2 minute, dobro promiješajte i poslužite.

juha od repe

za 4 osobe

1¾ šalice/1 1/4¼ šalice pileće juhe
1 velika repa, tanko narezana
200g/7oz nemasne svinjetine, tanko narezane
15 ml/1 žlica sojinog umaka
60 ml/4 žlice rakije
sol i svježe mljeveni crni papar
4 ljutike, sitno nasjeckane

Zakuhajte juhu, dodajte repu i svinjetinu, poklopite i kuhajte 20 minuta dok repa ne omekša, a meso se skuha. Dodajte soja sos i brendi po ukusu. Kuhati vruće dok se ljutika ne poprži.

Juha od povrća

za 4 osobe

6 suhih kineskih gljiva
1¾ šalice/1 l/4¼ šalice juhe od povrća
50 g/2 oz izdanaka bambusa, narezanih na trake
50 g vodenog kestena, narezanog na ploške
8 graška izrezati na kockice
5 ml/1 žličica soja umaka

Gljive namočite u toploj vodi 30 minuta, a zatim ocijedite. Odbacite peteljke i narežite vrhove na trakice. Dodajte ga u juhu s mladicama bambusa i kestena, zakuhajte, poklopite i pustite da kuha 10 minuta. Dodajte mangetout i soja umak, poklopite i kuhajte 2 minute. Pustite da odstoji 2 minute prije posluživanja.

vegetarijanska juha

za 4 osobe

¼ bijelog kupusa

2 mrkve

3 stabljike celera

2 mlada luka (zeleni luk)

30 ml/2 žlice ulja od kikirikija

2½ boda/6 čaša/1,5 l vode

15 ml/1 žlica sojinog umaka

15 ml / 1 žlica rižinog vina ili suhog šerija

5 ml/1 žličica soli

svježi crni papar

Narežite povrće na trakice. Zagrijte ulje i pržite povrće 2 minute dok ne omekša. Dodajte preostale sastojke, zakuhajte, poklopite i kuhajte 15 minuta.

juha od potočarke

za 4 osobe

1¾ šalice/1 l/4¼ šalice pileće juhe
1 glavica luka sitno nasjeckana
1 stabljika celera, sitno nasjeckana
8 oz/225 g potočarke, grubo nasjeckane
sol i svježe mljeveni crni papar

Zakuhajte juhu, luk i celer, poklopite i kuhajte 15 minuta. Dodajte potočarku, poklopite i kuhajte 5 minuta. Posolite i popaprite.

Pržena riba s povrćem

za 4 osobe

4 sušene kineske gljive
4 cijele ribe, očišćene i očišćene od ljuski
Ulje za prženje
30 ml/2 žlice kukuruznog škroba (kukuruzni škrob)
45 ml/3 žlice ulja od kikirikija
100g/4oz izdanaka bambusa, narezanih na trakice
50 g vodenog kestena narezanog na trakice
2 oz/50 g bok choya, nasjeckanog
2 kriške nasjeckanog korijena đumbira
30 ml/2 žlice rižinog vina ili suhog šerija
30 ml/2 žlice vode
15 ml/1 žlica sojinog umaka
5 ml/1 žličica šećera
120 ml/4 fl oz/¬Ω stakleni riblji temeljac
sol i svježe mljeveni crni papar
¬Ω glavica zelene salate, nasjeckana
15 ml / 1 žlica nasjeckanog peršina

Gljive namočite u toploj vodi 30 minuta, a zatim ocijedite. Bacite peteljke i odrežite vrhove. Ribu prerežite na pola

kukuruznog brašna i uklonite višak. Zagrijte ulje i pržite ribu dok ne bude pečena, oko 12 minuta. Ocijedite na upijajućem papiru i držite na toplom.

Zagrijte maslinovo ulje i pirjajte gljive, mladice bambusa, vodene kestene i kupus 3 minute. Dodajte đumbir, vino ili šeri, 15 ml/1 žličicu vode, sojin umak i šećer te pirjajte 1 minutu. Dodajte juhu, sol i papar, zakuhajte, poklopite i kuhajte 3 minute. Kukuruzni škrob pomiješajte s preostalom vodom, ulijte u tavu i kuhajte uz miješanje dok se umak ne zgusne. Stavite zelenu salatu na tanjur i na nju stavite ribu. Prelijte povrćem i umakom, ukrasite peršinom i poslužite.

pečena cijela riba

za 4 osobe

1 veći brancin ili slična riba

45 ml / 3 žlice kukuruznog brašna (kukuruzni škrob)

45 ml/3 žlice ulja od kikirikija

1 kosani luk

2 češnja češnjaka, zgnječena

50 g šunke narezane na trakice

100 g oguljenih škampa

15 ml/1 žlica sojinog umaka

15 ml / 1 žlica rižinog vina ili suhog šerija

5 ml/1 žličica šećera

5 ml/1 žličica soli

Premažite ribu kukuruznim škrobom. Zagrijte maslinovo ulje i pirjajte luk i češnjak dok blago ne porumene. Dodajte ribu i pržite dok ne porumeni s obje strane. Prebacite ribu na aluminijsku foliju na lim za pečenje i nadjenite šunku i škampe. U tavu dodajte soja umak, vino ili šeri, šećer i sol i dobro promiješajte. Prelijte ribu, prekrijte folijom i stavite peći u prethodno zagrijanu pećnicu na 150∞C/300∞F/termostat 2 20 minuta.

pržena riba od soje

za 4 osobe

1 veći brancin ili slična riba

sol

50 g/2 oz/¬Ω šalica glatkog brašna (višenamjenskog)

60 ml/4 žlice ulja od kikirikija

3 kriške nasjeckanog korijena đumbira

3 glavice luka (vlasac), nasjeckane

250 ml/8oz/1 šalica vode

45 ml/3 žlice soja umaka

15 ml / 1 žlica rižinog vina ili suhog šerija

2,5 ml/¬Ω c. šećer

Očistite i očistite ribu od krljušti te je zarežite dijagonalno s obje strane. Pospite solju i ostavite da odstoji 10 minuta. Zagrijte ulje i pržite ribu dok ne porumeni s obje strane, okrećući je jednom i podlijevajući uljem dok se peče. Dodajte đumbir, vlasac, vodu, sojin umak, vino ili šeri i šećer, zakuhajte, poklopite i kuhajte 20 minuta dok se riba ne skuha. Poslužite toplo ili hladno.

Riba od soje s umakom od kamenica

za 4 osobe

1 veći brancin ili slična riba

sol

60 ml/4 žlice ulja od kikirikija

3 glavice luka (vlasac), nasjeckane

2 kriške nasjeckanog korijena đumbira

1 češanj češnjaka, zgnječen

45 ml/3 žlice umaka od kamenica

30 ml/2 žlice soja umaka

5 ml/1 žličica šećera

250 ml/8oz/1 čaša riblje juhe

Ribu očistite i očistite od ljuski te je zarežite nekoliko puta dijagonalno sa svake strane. Pospite solju i ostavite da odstoji 10 minuta. Zagrijte većinu ulja i pržite ribu, okrećući je jednom, dok ne porumeni s obje strane. U međuvremenu zagrijte preostalo ulje u zasebnoj tavi i pirjajte mladi luk, đumbir i češnjak dok lagano ne porumene. Dodajte umak od kamenica, umak od soje i šećer te pirjajte 1 minutu. Dodajte juhu i pustite da zavrije. Smjesu uliti u zlatnicu, vratiti na vatru, poklopiti i kuhati cca.

Kuhajte 15 minuta dok riba ne bude pečena, okrećući je jednom ili dva puta tijekom pečenja.

brancin kuhan na pari

za 4 osobe

1 veći brancin ili slična riba
2,25 l / 4 qts / 10 čaša vode
3 kriške nasjeckanog korijena đumbira
15 ml/1 žlica soli
15 ml / 1 žlica rižinog vina ili suhog šerija
30 ml/2 žlice ulja od kikirikija

Očistite ribu i skinite ljuskice te svaku stranu zarežite dijagonalno nekoliko puta. U velikom loncu zakuhajte vodu i dodajte preostale sastojke. Ribu potopite u vodu, dobro zatvorite, ugasite vatru i ostavite da odstoji 30 minuta dok se riba ne skuha.